낙동제일강산
영벽정

글·사진 윤 일 현

1956년 대구 출생
시인, 교육평론가, 칼럼니스트
제14, 15대 대구시인협회 회장 역임
윤일현교육문화연구소 대표
제15회 낙동강문학상(2021년)

시집

『낙동강』, 1994
『꽃처럼 나비처럼』, 2016
『낙동강이고 세월이고 나입니다』, 2019
『아침이 오면 불빛은 어디로 가는 걸까』(엮음), 2020
『시로 더 좋은 세상 꿈꾸기』(엮음), 2021

저서

『불혹의 아이들』, 1997
『부모의 생각이 바뀌면 자녀의 미래가 달라진다』, 2009
『시지프스를 위한 변명』, 2016
『밥상과 책상 사이』, 2018
『그래도 책 속에 길이 있다』, 2021 외

대구의 뿌리
달성 산책 | 34

낙동제일강산
영벽정

글·사진 윤일현
기획 달성문화재단

민속원

영벽정 | 곡선과 우회, 느림의 미학

앞만 보고 거침없이 흘러가는 강은 없다. 어느 지점에서는 속도를 늦추어 산과 들, 사람의 마을을 포근히 감싸며 쉬어 간다. 우회의 여유가 있을 때 많은 것을 포용할 수 있다. 세상의 아름답고 고귀한 것들 대부분은 곡선이다. 직선은 일방적으로 자르고 구분한다. 마음과 영혼을 움직일 수 있는 감동적인 작품은 곡선의 부드러움과 여유에서 나온다. 낙동제일강산 영벽정은 곡선과 우회, 느림의 미학을 구현하고 있는 정자다.

집필 방향을 크게 두 가지로 정했다. 먼저 영벽정을 매개로 자유롭게 인문학적 상상의 나래를 펼치려고 했다. 현대인은 너무 단선적이고 바쁘다. 정자를 통해 곡선과 우회, 생산적 일탈과 탈주의 미덕을 말하고 싶었다. 다음으로 정자의 현대적 의미와 가치를 짚어보고 싶었다. 특히 젊은이들이 찾아와 휴식을 취하면서 영감을 얻을 수 있는, 현재와 미래에도 살아있는 공간으로 활용되는 정자를 생각했다. 현재와 과거가 끊임없이 대화를 나누며 단절 없이 이어질 때, 오늘의 나를 알 수 있고 내일의 나아갈 방향도 분명하게 설정할 수 있다. 영벽정 마루에 앉아 그냥 멍하니 강과 숲, 해와 구름, 달과 별, 회화나무와 불타는 노을을 바라보곤 했다. 동서고금을 오가며 자유롭게 상상하는 것이 즐거웠다. 정자 설립자와 그 시대 인물들과도 만나 보았다. 그들과 대화하기 위해서는 그들의 삶과 그들이 생산한 학문적 성과와 문학 작품을 이해해야 했다. 무엇보다 정자를 가득 메우고 있는 시판詩板을 읽고 가슴으로 느낄 수 있어야 진정한 대화가 가능할 것 같았다. 원전原典에 대한 이해 없는 상상은 맹목이고 공허할 수 있다. 시판과 관련 자료를 다시 해석하고 새롭게 주석을 달았다. 원문原文과 번역문을 대조하며 읽을 수 있게 하여 한문을 잘 모르는 세대도 고전 작품을 제대로 감상한다는 즐거움을 누리게 하고 싶었다. 쉽지 않은 작업이었지만 보람을 느꼈다.

  예로부터 금호강과 낙동강 일대는 선유船遊문화가 유행했고 다사多斯는 그 중심지였다. 참으로 다행스럽게도 천년이 넘는 선유 전통이 오늘 다시 이어지고 있다. 묵묵히 고향을 지키며 자료를 수집하고 연구한 지역 지킴이들 덕분이다. 달성군은 스토리텔링의 보고寶庫다. 『대구의 뿌리 달성 산책 총서』는 모든 문화 행사의 기본 텍스트로 활용될 것이다. 수년째 이 기획을 계속하고 있는 달성군과 달성문화재단에 깊이 감사드린다.

  이 책을 만드는데 많은 분의 도움과 조언이 있었다. 필자를 도와준 한국고전번역원 김영봉 번역위원, 사진 작업을 도와준 김재웅 작가님, 금호선유문화연구보존회 정군표 이사장님, 다사향토사연구회

최원관 회장님, 김장현 비슬신문 대표님, 많은 정보와 자료를 주신 영벽정 종회의 윤민보·윤은현·윤치한·윤정한 님, 물심양면의 지원을 아끼지 않은 영벽정 동촌 종회의 윤문한 님, 한문 입력을 도와주고 원고를 꼼꼼하게 읽어준 유정윤 선생님, 궂은일을 도맡아 해결해 준 달성문화재단 이시영 대리님께 특별히 감사의 마음을 전한다.

2022년 8월

윤일현

목차

서문   4

상상력 발전소 영벽정 _ 15

영벽정, 만화경, 감성 등대   17

아암牙巖 윤인협尹仁浹, 영벽정暎碧亭,

행탄杏灘, 아금암牙琴巖   19

감성과 감각을 통한 몸과 마음의 조화   24

건축 형태   26

탕건비   30

회화나무   32

향나무   37

다사팔경과 '멍'   39

문산월주汶山月柱, 달멍, 물멍   41

노을멍   43

영벽정 팔경, 빠름과 느림의 조화   44

문산리 파평 윤씨 세거지   46

문산 나루터   49

- **대담**
  —아암 윤인협 선생과의 인터뷰 _ 53

- **영벽정 단상斷想** _ 97

  창조적 아웃사이더　97
  Festina Lente!(천천히 서둘러라)　99
  우리가 잃어버린 것들　101
  강물과 버지니아 울프　103
  어린왕자, 한국의 어린이　105
  같이 또 따로　107
  햄릿과 돈키호테　109
  입체적 상상력　111
  창조적 사고　113
  스티브 잡스를 생각하다　116
  디지털 세상　118
  왜 다시 정자인가?　120

금호선유문화 _ 123

금호선유문화琴湖船遊文化와 다사　124
금호琴湖와 서호병십곡西湖幷十谷　125
금호선사선유琴湖仙査船遊와 선유시船遊詩　128
금호선사선유도琴湖仙槎船遊圖　138
금호선유문화축제　140

『아암실기』, 아암 윤인협 선생의 생애와 문학 _ 155

영벽정暎碧亭 입향조入鄕組 역사歷史　160
아암牙巖 윤인협尹仁浹 유허비遺墟碑　161
『아암실기』의 체제와 내용　162
아암연보牙巖年譜　163
아암실기牙巖實紀 권지일卷之一,
　유고遺稿, 시詩, 아암牙巖 윤인협尹仁浹　165
아암실기牙巖實紀 권지이卷之二
　부록附錄, 시詩, 영벽정제영暎碧亭題詠　176
아암실기牙巖實紀 권지삼卷之三　208

영벽정중수기映碧亭重修記　214
영벽정중수상량문映碧亭重修上樑文　218
영벽정중수기映碧亭重修記　224

● 이 책에 나오는 인물 _ 229

낙동제일강산
영벽정

상상력 발전소
영벽정

상상력 발전소 영벽정

비출 영映, 푸를 벽碧, 정자 정亭. '하늘의 빛과 구름의 그림자가 함께 배회한다'는 뜻을 가진 영벽정映碧亭. 전면의 삼문을 들어서면 대청 중앙의 '영벽정'이라는 현판보다는 하얀 바탕의 '낙동제일강산洛東第一江山'이란 오른쪽 현판이 먼저 눈에 들어온다. 낙동강 700리 중 가장 아름다운 언덕에 자리 잡은 정자로 낙동 풍류의 상징이라는 자부심을 새긴 것이다. 이 정자를 낙성하고 처음에는 '강가 갈대꽃이 석양에 붉게 물든다'고 해서 영홍정映紅亭이라 하였다. 그 후 백구白鷗가 무리 지어 노닌다고 영백정映白亭이라 했다. 새들이 날아가고 푸른 물결만 넘실거리자 마지막으로 영벽정映碧亭으로 고쳐 불렀다.

한국의 산천은 정자가 있어 그 문화적 가치가 살아난다. 정자는 주변 경관을 즐기며 심신을 수양하기 위해 건립한 작은 규모의 건물이다. 그렇다고 정자가 실생활에 없어도 되는 비실용적 공간은 아니다. 정자는 만남과 휴식의 장소이자 지역 문화 창조와 학문적 영감을 얻기 위한 상상력 발전소다. '낙동제일강산'에 자리한 영벽정 역시 오랜 세월 동안 지역민의 삶과 유리되지 않은 문화 공간이었다. 대부분의 정자는 건립연대와 관계없이 현재 진행형의 가치와 의미를 지닌다. 지금까지 남아 있는 각 지역의 대표적 정자와 그곳을 중심으로 서로 교류하던 인물들의 삶과 풍류, 학문을 살펴보는 것은 매우 중요한 현재적 가치를 가진다.

한류 문화가 전 세계적으로 영향력을 발휘하고 있는 오늘의 시점에서 한국의 정자는 또 다른 측면에서 주목할 필요가 있다. 우리는 한국의 정자를 새로운 관점으로 바라보며 현

여름날의 영벽정

대적 가치와 활용을 생각해 보아야 한다. 지금 전 세계를 휩쓸고 있는 역동적인 한류에 누각樓閣과 정자亭子, 산사山寺와 고택古宅 등에 깃들어 있는 정중동靜中動의 정서, 여유와 치열함이 함께 작용하는 격조 높은 풍류가 결합한다면 한류는 철학적 깊이와 함께 새로운 영감과 동력을 얻게 될 것이다.

　우리의 산과 강은 어머니의 젖가슴처럼 부드러운 곡선이 두드러진다. 산도 들판을 향해 그 자락을 천천히 흘러내리고 강물도 마을을 감싸주며 유유히 흐른다. 산과 강이 흘러가다 잠시 숨을 고르고 싶은 곳엔 정자가 있다. 한국의 정자는 중국이나 유럽처럼 위협적이거나 권위적이지 않다. 필요 이상으로 장식하는 일본의 정자와도 다르다. 정자는 생김새보다

1 낙동제일강산
2 영벽정 현판과 시판

자리 앉음새가 중요하다고 한다. 우리의 정자는 주변 산수와 비슷한 높낮이를 유지한다. 영벽정은 흘러가는 구름조차 자극하지 않으면서 자연과 함께 숨 쉬며 고요히 자리하고 있다.

영벽정, 만화경, 감성 등대

지금은 이론과 논리뿐만 아니라, 남다른 감성과 감각을 가진 조직과 개인이 치열한 생존 경쟁에서 살아남는 감성 시장의 시대다. 우리 조상들은 일찌감치 이 사실을 직감하고 산 좋고 물 좋은 곳에 정자를 지었다. 한국의 정자는 삶의 여정 곳곳에 서 있는 감성의 등대이다. 영벽정 또한 영남의 빼어난 감성 등대다.

모든 정자의 공통적인 요소는 산, 강, 숲, 바다, 호수다. 해, 달, 별, 바람, 구름도 빼놓을 수 없다. 낙동제일강산에 위치한 영벽정 역시 모든 정자가 가지는 공통 요소를 다 갖추고 있지만, 이곳에서 바라보는 산수풍경은 아름답고 멋지고 독특하다.

정자는 만화경과 같다. 기다란 거울 세 개를 60도 각도로 연결한 삼각기둥 내부에 색종이 조각을 넣고 돌려보면 신비롭고 환상적인 대칭 무늬가 무한대로 만들어진다. 어린 시절

동네 아이들이 한자리에 앉아 크기와 모양이 거의 똑같은 만화경을 만들지만, 각각의 만화경이 만들어내는 형상은 다 달랐다. 처음 만화경을 만드는 아이는 색종이를 찢어 넣는다. 경험이 쌓이면서 반짝이는 금속 조각, 색유리, 구슬 등 다양한 물체를 넣어본다. 만화경이 아이들에게 주는 최대의 교훈은 비슷한 내용물을 넣어도 똑같은 모양은 없고, 어느 누구의 것도 언제나 환상적인 무늬를 만들어낼 수 있다는 것이다. 만화경이 주는 황홀감과 신비감을 통해 아이들의 상상력은 활발해지며 섬세한 감각과 감성 지능이 향상한다. 이 경험으로 우리는 부지불식간에 다양성의 가치를 체득하게 한다.

인류학자 클로드 레비 스트로스의 책을 읽을 때 우리 머리에 떠오르는 것 중 하나가 만화경이다. 서로 달라 보이는 문명도 기본 요소들은 같다. 지역과 상황에 따라 서로 다른 모습으로 전개됐을 뿐이다. 이 세상에는 원시 문명도 선진 문명도 존재하지 않는다. 모든 신화 속에 들어있는 기본적 내용들과 근친혼 금지 같은 문명을 이루는 핵심 내용은 서로 같다. 같은 문제에 대한 대응과 표현의 차이가 있을 뿐이라는 말이다.

레비 스트로스는 미개인이라고 해서 생각하지 않는 것이 아니라고 했다. 그들의 사상도 우리의 사상에 뒤지지 않는다. 서구의 사상은 항상 분명한 설명과 논증을 요구하지만, 그들은 사상을 주무르고 조작하기 때문에 감각이 도주하고 만다. 반대로 미개인은 개념과 추상이 아니라 감각과 색채, 느낌과 경험으로 배우고 움직인다. 그는 『슬픈 열대』에서 자신과는 다른 삶의 방식을 가지고 있는 사람들을 야만적이고 비합리적이라고 낙인찍는 서구인들의 오만과 폭압을 질타하며, 그들이 황폐하게 만든 열대 원수민 사회를 보며 느낀 말할 수 없는 슬픔과 우울을 잘 묘사하고 있다. 그는 인간 본성을 찾기 위해 길을 떠나는 사람은 자신의 배를 태워버리지 않으면 안 된다고 강조했다. 그는 기독교와 불교가 접촉했더라면 서구 문명은 훨씬 더 유연해졌을 것이라고도 말했다.

만화경 속에 너무 많은 것을 넣으면 안 된다. 핵심적으로 중요한 것들만 적당하게 넣어야 갖가지 아름다운 모양이 창조된다. 여백의 공간이 없다면 만화경은 제 기능을 발휘하지 못한다. 감성과 감동, 색깔이 없는 메마른 지식 조각은 아무리 조합해도 아름다운 예술과 차원 높은 학문이라는 독창적인 창조물을 생성할 수 없다.

　　정자를 지탱하는 두 기둥은 단순과 여백이다. 영벽정이라는 만화경에서 몸과 눈의 높낮이를 조절해 보라. 강과 달, 강물과 낙조, 별과 바람, 무심한 강과 유심한 나, 문산 월주와 월광 소나타, 회화나무 사이를 흐르는 구름, 때론 삶의 허망과 진실, 눈 내리는 겨울 강과 기러기 등을 넣고 영벽정에 몸을 맡긴 채 마음의 눈을 돌려보라. 다양한 조합이 만들어내는 신비로운 경이를 경험하게 될 것이다.

아암牙巖 윤인협尹仁浹, 영벽정暎碧亭, 행탄杏灘, 아금암牙琴巖

강원도 태백시 함백산咸白山(1천573m)에서 발원하여 영남 저지대를 통해 남해로 흘러가는 낙동강. 옛사람들은 그 길이가 7백 리라고 했다. 실제 낙동강은 본류의 길이만 525.15km로 남북한을 통틀어 압록강 다음으로 길다. 유역면적은 2만3천860km²로 남한 면적의 4분의 1, 영남 면적의 4분의 3에 해당한다. '낙동'이란 명칭은 '가락의 동쪽'이라는 데서 유래됐다고 한다. 가야와 신라 1천 년의 민족적 애환과 정서가 서려 있고, 임진왜란과 6·25전쟁의 비극을 간직하고 있는 강이다. 경북 안동과 상주를 거쳐 구미, 왜관을 지나 달성군 하빈면에 이르면 낙동강은 완만한 굽이로 유유히 흐른다. 금호강 동쪽, 낙동강 남쪽에 위치한 다사는 예로부터 수량이 풍부할 뿐만 아니라 토지가 비옥하고 농경문화가 발달하여 살기 좋은 지방이었다. 삼국시대에는 대가야와 국경을 맞댄 군사요충지이기도 했다.

　　영벽정은 대구광역시 달성군 다사읍 문산리 405번지에 있다. 영벽정 건립 당시 문산은 행정구역상 대구부大丘府 하빈현河濱縣 하남면河南面이다. 관련 기록은 영벽정 아래쪽에 행탄杏灘이라는 여울이 흘렀다고 한다. 행탄의 위치는 현 매곡 취수장이 있는 곳으로 추정된다. 행탄은 경지정리 과정에서 지하로 스며들어 지금은 그 흔적을 찾을 수가 없다. 영벽정은 건립 당시에는 강바닥이 지금보다 훨씬 낮았고, 아금암이라는 꽤 높은 벼랑 위에 위치했다.

동쪽에서 본 영벽정

대청에서 내려다 본 대문과 낙동강

지금도 계단을 조금 올라가야 한다.

    이곳에 정자를 지은 사람은 지역 토박이가 아니었다. 영벽정은 대구 문산 입향조인 윤인협(1541~1597년) 선생이 1573년(선조 6년)에 건립했다. 그는 1541년(신축년, 중종 36년) 5월 20일 한성(서울)에서 태어났다. 선생의 자는 덕심德深 호는 아암牙巖이며 파평坡平 윤씨尹氏다. 그의 집은 조상 대대로 공훈과 벼슬을 이어온 명문가였다. 아암牙巖의 고조부는 윤은尹垠인데 참의參議를 지내고 좌의정左議政에 추증되었고 영천부원군鈴川府院君에 봉해졌다. 조부는 상주목사를 지낸 윤탕尹宕이다.

    그는 타고난 자질이 남다르게 순수하였고 일찍 문예를 성취하였다고 한다. 그는 자라면서 자기 수양과 공부에만 힘을 썼다. 세상에 나가 벼슬 얻는 것을 달가워하지 않았다. 그의 집안 많은 사람이 나라에 공을 세우고 고관대작이 되어 당대 높은 지위에 올랐지만, 그는 탁 트이고 풍광 좋은 곳에 늘 마음을 두었다. 시간이 흐를수록 그는 시례詩禮의 학문에 깊이 젖었다. 문장은 성균관에서 봉황이 춤을 추듯 뛰어나 선조宣祖의 성대한 시대에 진사가 되었다. 그는 문벌이 빛을 발할 때 홀로 먼 고장에서 살 생각을 품었다. 공명功名의 굴레를 벗어나서 강호에 몸을 숨기고 훌쩍 속세 밖으로 멀리 벗어날 생각을 한 것이다.

    그는 20세에 부친을 모시고 상주목사로 있던 조부 윤탕의 임지를 방문했다. 그때 영남의 경치 좋은 산수를 두루 유람하다가 마음을 흡족하게 하는 산수가 있어 강하게 끌렸다. 그곳이 바로 대구 하남河南 낙동강가 아금암牙琴巖 아래다. 그는 영남의 순박한 풍속을 사랑하여 마침내 시골에 집터를 잡았다고 했다. 그는 아암牙巖을 호로 삼고, 아금암牙琴巖 아래 행탄杏灘에 정자를 짓고 편액을 영벽暎碧이라고 하였다. '하늘빛과 구름 그림자가 함께 배회하네(天光雲影共徘徊천광운영공배회)'[1]에서 뜻을 취한 것이다. 이 정자는 멀리 가야산伽倻山을 바라보고 있으며, 비슬산琵瑟山 봉우리가 행자탄杏子灘과 백련포白蓮浦를 굽어보고 있다. 이곳은 구름이며 안개며 물고기며 새들이 호탕하게 떴다 가라앉았다 한다. 그는 근처에 공부하는 서재를

---

1   주희(朱熹)의 시 '관서유감(觀書有感)'에 나오는 구절

짓고 존성재存誠齋라 불렀고 움집은 문선와聞善窩라고 했다. 그는 그곳에서 시를 읊고 경서經書, 사서史書를 읽으면서 스스로 즐기는 삶을 살았다.

　기록에 따르면 그곳은 "아금암牙琴巖 아래 강물이 낙동강의 여러 명승을 감싸고도니, 뭇 산봉우리는 노을 밖으로 솟아 있고 산 기운은 서남쪽에서 더욱 아름다운데, 두 호수는 거울 속에서 합쳐 모이고 하늘빛은 위아래에서 서로 어우러진다. 자손들이 농사를 생업으로 정하니 들은 넓고 토양은 비옥했다. 그곳은 물고기를 잡고 땔나무를 하는 즐거움이 있었다. 강은 휘돌아 흐르고 골짜기는 굽어졌다"라고 할 정도로 풍광이 수려하고 땅이 기름졌다.

　그는 향촌에 강학소를 두고 학문을 연구하던 임하林下 정사철鄭師哲, 송계松溪 권응인權應仁 등의 학자들과 친하게 지냈다. 그들의 우정은 "매번 꽃피는 봄철이나 단풍 드는 가을철을 만나면 문득 함께 배를 타고 강물을 따라 오르내리면서 유유자적하여 자못 늙음이 장차 이르는지도 몰랐으니, 그 맑은 절조와 풍류, 운치는 족히 쇠퇴한 풍속을 경계할 만하였다"라는 기록으로 남아 있다. 함께 교유한 분들은 모두 영남 좌도의 고상한 선비들이라 도의道義로 서로 절차탁마切磋琢磨하고 시문을 함께 주고받으며, 사계절 경치 좋을 때면 작은 배를 타고 강을 따라 거슬러 가며 생선을 잡아 안주를 삼고 죽순을 굽고 기장밥을 지어 먹으며 진솔한 풍취에 한적하고 여유로움을 얻었다고 한다.

　정자가 건립될 당시 이곳 문산은 넓은 농경지와 광활한 백사장, 갈대숲이 어우러져 겨울이면 무리 지어 나는 기러기들로 장관을 이루었다고 한다. 4대강 개발로 강정고령보가 생기면서 주변 풍경은 옛날과는 확연히 달라졌다. 상으로 흘러 들어가는 행반은 보이지 않고 하상河床도 드러나지 않으니 습지나 모래사장 같은 원래의 강 풍경은 다 물에 잠겼다. 원래 영벽정은 강바닥보다는 상당히 높은 위치에 있었다. 일제강점기 제방 공사로 강폭이 좁아졌고, 지금은 강정고령보로 수위가 높아져 정자 발아래까지 강물이 차오른 모습이다. 현재 영벽정에서 바라보는 낙동강은 거대한 인공 호수 같은 느낌을 준다. 300살 넘은 회화나무에게 옛날의 모습을 물어보지만, 나무 또한 말이 없으니 시판과 중수 기문 등으로 옛 풍경을 유추할 수밖에 없다. 현재 영벽정에서 동쪽으로 바라보면 강정보의 디아크가 눈에 들

대청에서 내려다 본 정문과 강

서남쪽에서 올려다 본 영벽정

어온다. 주변이 잘 가꾸어져 있다. 거대한 호수 같은 강물이 만드는 새로운 풍경을 볼 수 있다. 강정보에서 영벽정에 이르는 강변은 특히 야경이 아름답다.

영벽정 벽면에는 상량문上樑文, 기문記文, 많은 시판詩板이 걸려있다. 임하林下 정사철鄭師哲(1530~1593년), 낙애洛涯 정광천鄭光天(1553~1592년), 백포栢浦 채무楸蔡(1588~1670년), 전양군全陽君 이익필李益馝(1674~1751년), 임재臨齋 서찬규徐贊奎(1825~1905년), 면암勉菴 최익현崔益鉉(1833~1906년), 우당愚堂 김수용金洙龍(1910~1972년) 등 많은 시인묵객들이 이곳을 찾아 풍류를 즐기면서 글을 남겼다. 글을 남기는 전통은 400년이 지난 지금도 이어지고 있다.

영벽정은 3차례에 걸친 중수와 여러 차례 보수를 거쳐 오늘에 이르렀다. 홍매산·최면암의 중수重修 기문 등이 아암실기에 남아 있다. 영벽정은 『영남읍지嶺南邑誌』, 『영남여지嶺南輿誌』 및 『대구부읍지도大邱府邑地圖』에 표기된 대구의 대표적 정자 중 하나이다.

감성과 감각을 통한 몸과 마음의 조화

캘리포니아대학교 언어학과 및 인지과학연구소 교수인 G. 레이코프와 오리건대학교 철학과 교수인 M. 존스는 공저 『몸의 철학』 '한국어판 출간 서문'에서 "인지과학에서 지난 20여 년 동안 이룩한 가장 주목할 만한 발견 중의 하나가, 개념화라는 사유 작용은 신체적 경험, 특히 감각 운동 경험에 근거한다는 사실이다"라고 했다. 그들은 "우리가 이러한 경험적 결과들을 진지하게 받아들인다면 마음에 관해 변하지 않는 가정들 일부를 재고해야 한다"라고 말하며, "마음, 마음과 관련된 개념, 이성, 지식, 사고, 의지 등이 탈신체화 되어 있다는 생각을 포기해야 한다"라고 주장했다. 그들은 몸이 느끼고 경험하는 여러 가지 감각의 중요성을 강조했다.

J. 루소, 존 듀이, 메를로 퐁티 같은 학자들이 특히 감성과 감각의 중요성을 강조했다. 루소는 『에밀』에서 "교육에서는 이성이 아니라 감성이 발달을 주도한다. 감성이 이성의 발

시판

달을 촉진하기 때문이다"라고 했다. 그는 아동기에는 놀이를 통해 스스로 즐기는 법을 알아야 하므로 자연 속에서 뛰어 놀며 자연을 마음껏 경험해야 한다고 조언한다. 소년기에는 감각적 이성을 관념적 이성으로 발전시켜야 한다고 했다.

경험이 지식의 근원이라고 주장한 존 듀이는 『경험으로서의 예술』에서 "우리는 예술적 경험을 했을 때만 예술작품을 창조할 수 있다. 예술적 경험은 질성적 사고를 통해 이루어진다. 질성적 사고란 물질의 크기나 모양, 소리, 색, 냄새, 촉감 등을 감각적으로 인식하고 이에 대한 찬란함, 강인함, 우아함, 섬세함 등의 느낌을 갖는 것, 이것은 심미적이고 고유한 예술작품을 창조하기 위한 기본 조건이다"라고 말하며 감각 체험의 중요성을 강조했다. 그는 "인간의 교육은 신체의 모든 감각 기관을 통해 받아들여진 정보를 바탕으로 지적·창의적 교육으로 발전한다"라고 말했다.

메를로 퐁티는 "인간의 의식은 감각적으로 실존하는 몸에서 체화된 것이므로, 의식과 몸을 둘로 나눌 수 없고 모든 인식과 행위는 인간의 이성이 아니라 각자의 몸에서 출발한다"라고 주장하며 몸이 직접적으로 체험하는 '감각과 감각적 체험'을 중시했다.

한국의 정자는 그냥 음풍농월하며 시간을 죽이는 장소가 아니다. 몸이 정자를 통해 느끼는 다양한 감각 체험은 예술적, 학문적 영감의 원천이 된다. 정자의 명성은 몸과 자연의 혼연일체 경험을 통한 영감의 자극 강도에 달려있다고 할 수 있다. 정자는 성격에 따라 '학

영벽정 정면

문형 정자'와 '풍류형 정자'로 나눌 수 있다. 영벽정에서는 지역 선비들이 학문도 논했지만, 풍류를 더 즐겼다고 할 수 있다.

건축 형태

영벽정은 낙동강이 보이는 높은 곳에 자리 잡았다. 전면의 삼문을 들어서면 마당을 향하여 남서향으로 자리 잡고 토석 담장으로 둘러싸여 일곽을 이루고 있다. 정면 4칸, 측면 2칸 규모의 겹처마 팔작기와집이다.

평면 구성은 중앙의 2칸 대청마루를 중심으로 오른쪽에 온돌방 1칸과 왼쪽에 온돌방 1

1 영벽정 돌담
2 위에서 내려다 본 영벽정

영벽정 처마

1	
2	
3	

1 영벽정 측면
2 영벽정 익공
3 주춧돌과 기둥

칸을 둔 중당협실형中堂挾室形이며, 전면에 반 칸 규모의 툇마루를 설치하였다. 온돌방 전면의 툇마루는 대청보다 단을 약간 높이고 헌함軒檻(건넌방·누각 따위의 대청 기둥 밖으로 돌아가며 깐 난간이 있는 좁은 마루)을 설치하였다. 다소 높은 자연석 기단 위에 막돌 주초를 놓고 정면만 원기둥을 세우고 기둥 위에는 초익공 양식으로 꾸몄는데, 살미의 형상은 단부端部가 올라간 앙서형이며 살미 하부는 연봉을 상부는 연화로 조각하였다. 상부 구조는 종량宗樑 위에 원형판대공圓形板臺工을 세워 종도리宗道里를 받도록 한 오량가五樑架이다.

탕건비

윤인협의 조부는 윤탕尹宕으로 중종 2년 정묘에 문과에 급제하여 시강원侍講院 벼슬을 거쳐 상주목사尙州牧使를 지냈다. 그는 상주목사 재임 중이던 1524년 경상도관찰사 성세창成世昌이 '송사를 바르게 하고 백성을 고르게 부린다'는 장계를 올려 임금으로부터 표리表裏를 하사받은 목민관이었으며 도승지에 추증되었다.

탕건宕巾은 윤탕이 조선 중종때 경상도 상주목사로 재임할 때 처음 만들었다고 한다. 윤탕은 관직에 있는 이들이 맨머리로 집무하고 있는 모습이 조금 어색하다고 생각하여 탕건을 만들었다. "조선 중종 임금 때 경상도 상주목사 윤탕께서 처음으로 탕건(일명 감투)을 만드시어 임금님께 바치니 상께서 즐겨보시고 칭찬하여 말씀하셨다. 규석에 알맞은 아름나운 두건이니 벼슬한 자 늘 쓰는 두건으로 윤목사의 이름 탕자를 넣어 탕건이라 명하노라朝鮮中宗朝 尙州牧使尹宕 造宕巾獻于大王前 大王玩之贊曰 制度精美 佳作也 有官者常用巾以公之名命於名曰宕巾, 中宗二十一年" 조선시대 성인 남자들이 망건의 덮개로 쓰거나 갓 아래 받쳐 쓰던 의관인 탕건은 속칭 감투라 하여 벼슬에 오르는 것을 '감투 쓴다'라고 하였다. 탕건비는 윤탕의 묘가 있는 경기도 연천 청산면 '파평윤씨청백공원'에도 세워져 있다.

1	4
2	
3	5

1·2·3 탕건비
4 아암 윤인협 유허비
5 탕건

하늘을 품은 느티나무

회화나무

유학과 관련된 장소에서는 자주 회화나무를 만나게 된다. 중국 주나라의 풍속 때문이다. 회화나무는 한국과 중국에서 유교문화의 상징이다. 고대 신분 사회에서는 신분에 따라 무덤에 심는 나무가 달랐다. 회화나무는 주나라 봉건시대에 사대부 계층의 무덤에 심었다.

  회화나무 꽃을 중국에서는 괴화槐花라 불렀다. 이때 괴槐의 중국어 발음이 '회'이기 때문에 이 나무를 회화나무 또는 회나무로 부르게 되었다고 한다. 괴槐는 나무 목木과 귀신 귀鬼(나무 옹이)를 합친 말인데, 그래서 회화나무를 심으면 잡귀를 쫓고 복을 가져온다는 의미도 가지고 있다. 중국에서는 회화나무를 '학자수學者樹(Chinese Scholar Tree)'라고 부르며 상서로운 나무

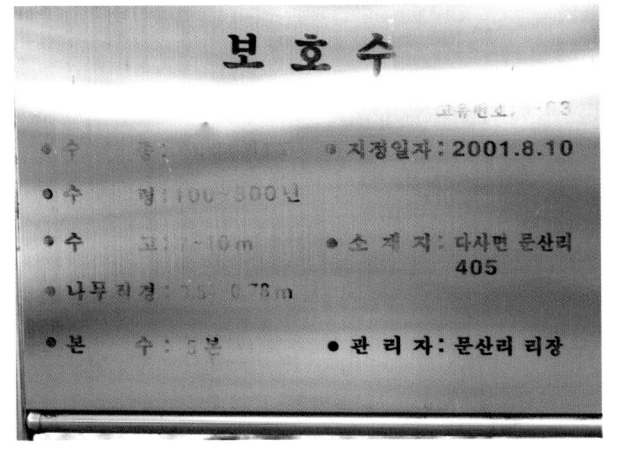
달성군 보호수 표지판

로 매우 귀하게 여겼다. 회화나무를 심어둔 집에서는 걸출한 학자나 인물이 나온다고 하여 회화나무는 길상목이라 부르기도 했다.

중국에서는 진사시험을 '괴추槐秋'라 불렀는데, 시험 시기가 음력 7월 회화나무 꽃이 피는 시기와 같았기 때문이다. 과거시험을 보러 가는 사람은 합격을 기원하며 회화나무를 심었다. 또 급제했을 경우에도 축하의 의미로 회화나무를 심었다. 관리가 관직에서 물러날 때도 기념으로 회화나무를 심었다. 특별히 공이 많은 학자나 관리에게는 임금이 회화나무를 상으로 내리기도 했다고 한다. 우리 선조들은 회화나무를 귀하게 여겨 아무 곳에나 함부로 심지 못하게 했다. 고결한 선비의 집이나 서원, 궁, 서원, 향교, 정자 등에만 심게 했다고 한다. 회화나무는 금방 자라는 속성수다. 대부분 속성수는 수명이 길지 않지만 회화나무는 수명이 매우 긴 노거수 중 하나이다. 회화나무는 내한성, 공기 오염에도 강하다고 한다.

현재 영벽정 경내에는 수령 300년이 넘는 회화나무 4주와 향나무 1주가 달성군 보호수로 지정되어 있다. 영벽정 회화나무는 수형이 장엄하고도 아름답다. 둥치는 흔들리지 않는 바위와 같고 무성한 잎새들은 미세한 바람에도 흔들린다. 8월경 대청마루에 앉아 떨어지는 꽃을 감상하다 보면 정자 밖의 혼란하고 혼탁한 세속을 잊게 된다. 영벽정 정자에서 회화나무를 바라보며 남가일몽南柯一夢(남쪽 가지 아래의 한바탕 꿈. 한갓 허망한 꿈 또는 꿈과 같이 헛된 한때의 부귀와 영화를 비유하는 말)의 고사를 음미해 보면 오늘의 삶을 성찰하는 데 도움이 된다.

느티나무 구멍

당나라 덕종 때 광릉에 순우분이란 협객이 살았다. 그의 집 남쪽에 높고 커다란 느티나무가 있었다. 어느 날 그는 친구들과 술을 마시다가 나무 그늘에서 잠이 들었다. 그때 자주색 옷을 입은 두 사내가 나타났다. "저희들은 괴안국槐安國 국왕께서 보낸 사신입니다. 당신을 모시고 오라는 명을 받고 여기 왔습니다" 그는 사신을 따라갔다. 국왕의 사위가 되었고 남가군南柯郡의 태수가 되었다. 20년 동안 그곳을 다스리며 부귀영화를 누렸다. 그러던 어느 날 왕이 그에게 말했다.

"자네가 고향을 떠난 지 오래되었으니 한번 다녀오는 것이 어떻겠는가?"

"제집이 여기인데 어디로 가란 말씀입니까?"

"자넨 원래 속세 사람이라 여기는 자네 집이 아니네, 3년 후에 다시 만나기로 하세"

그는 왕의 사자를 따라 자신의 원래 집으로 돌아왔다. 그때 깜짝 놀라 눈을 뜨고서야 느티나무 아래서 꿈을 꾸고 있었다는 것을 알았다. 꿈속에서 들어갔던 느티나무 구멍을 살펴보니 성 형태의 개미집이 있었다. 이것이 대괴안국이었다. 다시 구멍을 따라 남쪽으로 가니 또 하나의 개미집이 있었는데 그것이 남가군이었다. 순우분은 남가에서의 생활이 허황한 것이라는 사실을 깨닫고 술과 여색을 끊고 무술에만 전념하다가 3년 후 세상을 떠났다. 괴안국 왕이 말한 3년 기한이 다 찬 해였다.

우리는 옳지 않은 방법으로 획득한 권력이나 부귀는 지나고 보면 한갓 '남가일몽'에 지

회화나무와 강과 구름

나지 않는다고 말한다. 현재에 만족하려 애쓰며 최선을 다해 살라는 말이다.

문산리에 사는 윤은현 씨는 "어릴 때 회화나무에 올라가 놀던 기억이 아직도 새롭다"고 했다. 회화나무를 바라보고 있으면 시간의 흐름이 멈추는 것 같다. 한참 나무를 바라보고 있으면 나무줄기를 타고 지나간 시간과 추억, 옛날의 무수한 이야기가 되살아나는 것 같다. 시골이 고향인 사람은 안다. 고향 어느 곳엔가 회화나무가 있었다. 사람에 따라서는 고향을 생각하면 맨 먼저 회화나무가 떠오르기도 한다. 회화나무 아래에 서면 옛 어른들의 목소리가 들리고 할머니가 들려주던 이야기가 떠오른다. 회화나무는 과거로의 시간 여행을 가능하게 해주는 타임머신 같다.

영벽정에서 바라보는 구름은 정말 신비롭다. 영벽정 마루에 벌러덩 누워 회화나무 사이로 흘러가는 구름을 바라본다. 헤르만 헤세의 『피터 카멘친트(향수)』에 나오는 구름에 관한 묘사를 소리 내어 읽어본다. "구름, 이 넓은 세상에서 나보다도 더 구름을 잘 알고 나보다도 더 구름을 사랑하는 사람이 있다면 나는 그 사람을 만나고 싶다. 구름보다 더 아름다운 것이 있다면 그것을 나에게 보여 다오. 구름은 흘러 다니며 눈에 위안을 준다. 구름은 축복이요 신의 선물이자 노여움이며 죽음의 힘이다. 구름은 갓난아이의 생명처럼 귀엽고 부드럽고 평화스럽다. 구름은 착한 천사처럼 아름답고 부유하고 은혜롭다. 구름은 죽음의 사자처럼 어둡고 피할 수 없으며 용서를 모른다. 구름은 엷은 층을 이루어 은빛으로 반짝이며 떠 있다. 구름은 금빛 테두리를 두르고 하얗게 웃으며 돛단배처럼 달린다. 구름은 노란빛과 붉은빛과 푸른빛을 띠고서 꼼짝하지 않고 달린다. 구름은 우울한 은둔자처럼 꿈꾸며 희멀건 하늘에 쓸쓸히 떠 있다" 삶이 권태롭고 사람이 싫을 때 홀로 회화나무를 찾아와 유유히 흘러가는 구름이 되어보길 권한다.

가을날 영벽정 마루에 누워 정완영 시인의 '가을하늘'을 읊조려 보는 것도 좋다. "전선 위에 앉아 있는 제비들이 날아갑니다 / 가을 하늘 푸른 건반을 두드리며 날아갑니다 / 하늘엔 음악이 흐르고, 흰 구름이 흘러갑니다" '가을 하늘이 푸른 건반'이라 생각하며 손, 팔, 다리를 허공에 휘저어 보라. 한참 후 동작을 멈추고 고요히 숨을 고르면 청량한 바람이 코를 간질이며 다가올 것이다. 데미안이 싱클레어에게 한 말도 생각해 보라. "새는 알을 깨고 나온다. 알은 세계다. 태어나고자 하는 자는 하나의 세계를 깨뜨려야 한다. 새는 신을 향해 나아간다. 그 신의 이름은 아프락사스다"

"일만 알고 휴식을 모르는 사람은 브레이크가 없는 자동차와 같은 것으로 위험하기 짝이 없다. 또한 놀기만 할 뿐 일할 줄 모르는 사람은 엔진이 없는 자동차와 마찬가지로 아무 소용도 없다" '자동차 왕' 헨리 포드의 말이다.

의미 있는 삶을 살기 위해 어른과 아이 모두에게 꼭 필요한 것이 두 가지 있다. '땀과 감동'이 바로 그것이다. 땀에는 신체적인 활동과 공부가 포함된다. 그러나 몸과 두뇌의 땀은 가슴을 뜨겁게 해주는 감동과 함께할 때 의미를 가진다. 감동은 육체와 정신의 피로를 잊게 해주며 몸과 마음에 새로운 활력을 불어넣는다. 우리는 생산적인 휴식을 통해 그 활력과 새로운 에너지를 얻게 된다.

울리히 슈나벨은 "휴식은 자유 시간을 얼마나 많이 가지고 있느냐보다는 태도의 문제"라고 말한다. 그는 "필요할 때 한가로운 휴식을 즐기고, 늘 바빠서 허덕이는 것이 만성적인 상황이 되지 않도록 하라"고 충고한다. 휴식은 전체 시간의 길이보다는 밀도 있는 순간의 길이로 그 질이 결정된다.

향나무

영벽정 안에는 수형이 멋진 향나무가 있었지만, 현재 모목母木은 죽고 없다. 마을 사람들에 따르면 향나무가 워낙 웅대하고 수려해서 강물 바로 위에까지 가지가 뻗어 장관을 이루었다고 한다. 30년 전만 해도 죽은 향나무가 그대로 남아 있었다고 한다. 고사목의 대단한 자태를 보며 마을 사람들은 '살아 천년 죽어 천년'이란 주목을 생각했다고 한다. 어린 향나무를 보며 향나무의 생존 전략을 음미해 보는 것도 재미있다.

향을 가진 나무라는 뜻에서 '향'이라는 이름을 가진 상록침엽수 향나무는 소나무, 은행나무, 느티나무, 회화나무 등과 함께 가장 오래 사는 나무 중에 하나다. 목질이 단단하고 목재의 향과 색이 일품이라 사람들이 소중히 여겼다. 나무껍질은 회갈색 또는 흑갈색, 적갈색으로 오래되면 세로로 얕게 갈라진다. 어린나무는 원추형으로 자라며 줄기가 곧지만 나이가 들면서 주변의 조건에 맞게 비틀어지고 구부러진다. 향나무의 향기는 몸과 마음을 맑게 할 뿐 아니라, 하늘 끝까지 뻗어나간다는 생각에서 오래전부터 우리 조상들은 향나무를 하늘과 사람을 연결해주는 중요한 수단으로 간주해왔다. 향나무는 예로부터 마음을 담아 기원을 하는 나무로 소중히 여겨졌다. 관상, 약용, 향료, 조각재료 등으로 널리 이용되었다.

향나무는 어릴 때는 성장이 느리다. 뾰족한 침엽을 보이지만 10년 이상 지나면 침엽이 비늘잎 형태로 변하면서 성장도 빨라진다. 열매는 땅에 떨어져 스스로 발아되는 경우가 드

영벽정 향나무

물고 새 먹이가 되어 배설물에 섞여 나오면 과육에 있는 발아억제물질이 제거되어 싹이 튼다. 대개 꺾꽂이로 증식하는데 봄에 나오는 새순을 잘라 심으면 뿌리를 쉽게 내린다. 향나무의 독특하지만 간절한 생존 전략이 흥미롭다.

다사팔경과 '멍'

한국의 자연 명소는 오늘의 관점에서 보면 최고의 '멍때리기' 장소다. '멍때리기'는 흔히 정신이 나간 것처럼 한눈을 팔거나 넋을 잃은 상태를 말하는 신조어다. 식민지 지배와 해방 전후의 혼란기, 6·25, 4·19, 5·16을 거쳐 압축적인 고도성장 과정에서 우리는 너무 여유가 없었다. '빨리빨리'가 생존의 필수 덕목으로 작용하던 시절에는 멍하게 있는 것은 비생산적이라는 시각이 우세했고 다소 부정적으로 보았다. 그러나 '멍때리기' 과정에서 세상을 바꾸거나 혁신적이고 창의적인 아이디어가 많이 나온다. 뉴턴의 만유인력, 아르키메데스의 부력의 원리 같은 위대한 발견은 모두 '멍때리기' 과정에서 나왔다고 할 수 있다. 다사팔경 역시 최고의 '멍때리기' 장소로 어느 명소 못잖게 문학적, 학문적 영감을 주는 곳이다.

영벽정 일대는 자연 풍광이 빼어나 고운孤雲 최치원崔致遠, 한강寒岡 정구鄭逑, 여헌旅軒 장현광張顯光, 낙재樂齋 서사원徐思遠, 모당慕堂 손처눌孫處訥 등 옛날부터 원근의 이름난 선비들이 뱃놀이를 즐겼던 곳이다. 다사팔경多斯八景은 『다사향토지』에 수록되어 전한다. 그 선정 주체와 연대는 정확하게 알 수 없다. 다사면 역사 시작이 1914년부터이고 『다사향토지』 발간이 1977년이니, 향토사학자들은 선정 연대를 1914~1977년 사이일 것으로 추정한다.

    1. 仙槎釣磯 - 선사에서 낚시 놓기
    2. 馬嶺靑嵐 - 멀리서 보는 마현령의 시원한 바람
    3. 洛江暮帆 - 낙동강 해질녘에 돌아오는 돛단배

도도한 장강처럼 흐르는 낙동강

    4. 烽臺夕火 - 마천산 봉화대에서 저녁 불빛

    5. 琴湖漁笛 - 금호강에서 들려오는 어부들 피리 소리

    6. 防川鐵嬌 - 방천철교 위를 기차가 지나는 풍경

    7. 汶山月柱 - 문산 낙동강의 달그림자(음력 7월 16일 관람 풍습)

    8. 江亭柳林 - 강정의 시원한 버드나무숲

  그 팔경 가운데 제7경인 문산월주汶山月柱가 영벽정과 관계가 있다. 이 팔경 속에 20세기에 들어 개통된 경부선 철도가 등장하는 것을 보면 제정 시기가 오래지 않았다는 사실을 알 수 있다. 제7경의 문산월주는 영벽정을 중심으로 한 선비들의 선유船遊문화다.

문산월주

문산월주汶山月柱, 달멍, 물멍

월주月柱는 달기둥이라는 자구적인 해석과 달리 물 흐름에 따라 흔들리는 기둥같이 생긴 달 그림자를 말한다고 한다. 월주月柱를 월계月桂로 보는 사람도 있는데, 서산瑞山 간월도看月島 팔경의 무당월주無堂月柱에서 보듯이 달기둥의 월주가 맞다는 견해가 우세하다. 달밤에만 즐길 수 있는 월주의 신비하고 황홀한 경관을 완상하기 위해 영벽정에서는 '적벽강유회赤壁江遊會'를 열었다고 한다.

    매년 음력 7월 16일 원근의 선비들 수백 명이 모여 3일간 먹고 자면서 월주의 신비한 풍경을 즐겼다고 한다. 가장 크고 둥글다는 8월 보름달이 아니고 7월의 열엿새 날이었다니 우리는 고개를 갸우뚱하지 않을 수 없다.

상상력 발전소 영벽정   41

음력 7월 16일 밤이 되면 동쪽 강물 위로 보름달이 휘영청 밝게 떠오른다. 문산월주는 이때 영벽정에서 달을 바라본 풍광이다. 하늘의 달과 강물 위에 비친 달그림자 사이에 마치 기둥이 하나 세워져 있는 것처럼 은은한 달빛이 이 둘 사이를 이어주는 풍광을 '문산월주'라고 했다. 일 년에 단 한 번 볼 수 있는 광경이라 예로부터 많은 시인 묵객들이 영벽정을 찾았다고 한다. 그런데 흥미로운 것은 최근에 관찰되는 문산월주가 과거보다 더 장관이라는 것이다. 왜냐하면 문산월주가 형성되는 지점에 강정보가 들어서면서 강물의 면적이 넓어졌기 때문이다.

문화체육관광부 산하 기관인 '해외문화홍보원'은 한국의 '멍때리기'는 전 세계적인 웰빙 문화로 자리 잡을 가능성이 있다고 설명한다. 미국 NBC 방송국의 'The Today Show'는 혼잡함, 압박감, 스트레스 지수가 높아지는 상황 속에서, 미국인들은 한국의 웰빙 트렌드 '멍때리기'에 주목하고 있다고 보도했다. 이 방송은 "'멍때리기'는 그저 허공을 응시하는 것이 아니라 스마트폰 등 디지털 기기를 멀리한 채 의미 있는 휴식이 될 수 있도록 의도적으로 시간을 투자하는 것이다. 멍때리기는 삼림욕과 매우 유사하다. 아무런 방해 없이 자연에 몰두하는 것이기 때문이다"라고 했다. 오스트리아의 주요 일간지인 Kurier는 "익숙하지 않은 소음은 부정적인 감정을 작동시키는 편도체를 활성화하며, 그로 인해 체내 스트레스 시스템이 활성화되어 호르몬이 우리 몸에 위험하다는 신호를 보낸다. 멍때리기는 무無 상태에서의 휴식"이라고 했다.

매월 음력 보름 전후 영벽정에서 출발하여 강정보 디아크까지 강둑을 따라 걸어가며 '물멍', '달멍'을 하다 보면 강과 달이 빚어내는 최고의 경이와 신비를 경험할 수 있다.

낙조에 잠긴 산과 강

노을멍

강정고령보에서 영벽정까지의 강 풍경은 아름답다. 보가 생기기 전부터 이곳에서 살았던 사람들 대다수는 그래도 예전의 풍경이 더 아름다웠다고 한다. 넓은 모래사장과 갈대, 평화롭게 날아다니는 두루미의 모습이 너무 그립다고 한다. 그때는 새벽부터 한밤중까지 모든 순간이 다 다른 모습이었다고 한다.

　지금은 보의 건설로 풍경이 단조로워졌고 강은 도도한 장강처럼 흐르지만 얼핏 보면 거대한 호수가 생겨난 느낌을 준다. 보의 건설과 함께 주변 환경도 많이 정비되었다. 강정보에서 영벽정에 이르는 강둑은 탁월한 산책로다. 강정보에서 영벽정으로 가는 길에 다소 가파른 절벽이 있다. 그러나 길이 없는 강 위에 보행 데크가 설치되어 있다. 강정보 디아크

별을 기다리는 강

광장에서 출발하여 영벽정까지 해거름에 꼭 한번 걸어보길 권한다. 달밤에는 영벽정에서 디아크로, 낙조 때는 디아크에서 영벽정으로 걸어보라. 우리는 세속과 탈속을 번갈아 경험하며 자신도 모르게 자연 철학자가 되어 삶을 관조하며 새로운 힘을 얻게 될 것이다.

영벽정 팔경, 빠름과 느림의 조화

정자 주변의 아름다움을 노래한 영벽정팔경暎碧亭八景이 전해지고 있다. 팔경은 성주의 생원生員 윤종대尹鍾大(1763년~?)가 지었는데 본관은 파평 자는 여효汝孝이며, 성주에 거주하였던 선비로 1798년(정조 22년)에 생원시에 합격하였던 인물로 영벽정을 자주 방문했다고 한다. 그가

거대한 호수 같은 강정보 부근의 낙동강

정하여 쓴 팔경들은 제1경 행탄풍범杏灘風帆, 제2경 다림연류茶林烟柳, 제3경 연포호월蓮浦皓月, 제4경 운정취벽雲亭翠壁, 제5경 비슬선하琵瑟仙霞, 제6경 아금어화牙琴漁花, 제7경 마천조람馬川朝嵐, 제8경은 봉산석조鳳山夕照이다.(뒷부분『아암실기』에 전문 번역문이 수록되어 있다) 영벽정 팔경을 흐르는 시간은 급박하지 않다. 풍류의 본질은 느림과 여유다.

    정자는 느림과 빠름이 공존하는 사색의 공간이다. 영벽정에 앉아 "같은 강물에 두 번 발을 담글 수는 없다"라는 유명한 말을 남긴 그리스의 철학자 헤라클레이토스의 말을 생각해 본다.

    우리 모두 애써 마음의 여유를 가지려고 노력해야 한다. 그리고 자신의 발걸음 빠르기를 살펴보아야 한다. 어떤 일을 할 때 빠름과 느림이 조화를 이룰 때 생산성은 극대화된다. 빠름이 성공적인 것이 되기 위해서는 그 속에 느림과 여유가 있어야 한다. 마찬가지로 느림이 창조적이고 생산적인 것이 되기 위해서는 필요할 때 즉시 속도를 낼 수 있는 순발력이 있어야 한다. 음미와 여유가 없는 속도는 무모하고 위험하다. "우리는 가속의 체증 속에서 꼼짝 못하고 앉아 있을 때가 많다. 시간이라는 기차에서 진행 방향과 같은 방향으로 앉아서 성급한 진보에 몸을 내맡긴 많은 사람은 창문을 아주 조금만 열어도 바람이 얼굴에 심하게 부딪힌다는 것을 알게 된다. 그러나 달리고 있는 진보라는 기차의 방향과 반대 방향으로 앉아 있으면 창문을 연 채 갈 수 있다"라고 말한 칼 하인츠 A. 가이슬러의 충고는 우리에게 많은 것을 시사해 준다. 때로 자세를 바꾸어 반대편 풍경을 바라보면 많은 것을 새롭게 깨닫게 된다.

문산리 파평 윤씨 세거지

문산리는 낙동강변에 있는 파평 윤씨들의 세거 집성촌이다. 마을 북쪽은 낮은 구릉이 감싸고 있고 마을 동쪽에는 금호강이, 남쪽에는 낙동강이 서쪽에서 동쪽으로 흐른다. 문산리는 전형적인 배산임수형 자연부락이다. 1571년 경기도 파주군 칠정면 문산포에 살던 윤인협이 마을에 입향한 이래 윤씨들의 세거 집성촌이 형성되었다. 마을 이름도 입향조가 살던 고향 이름을 따서 문산골이라고 하였다. 젊은 나이에 스쳐 지나가며 보았지만, 수량이 풍부하고 토지가 비옥한 이곳을 윤인협은 단번에 점찍었다. 택리적 안목이 얼마나 대단했는지를 짐작할 수 있다.

문산리와 문양리 일대에 한때는 그 후손이 1천500여 가구가 될

세거지 표석

정도로 번성했다고 한다. 지금은 100여 호가 살고 있다. 400년 이상 세거하면서 경향 각지로 흩어져 사는 후손의 수는 약 3천여 명이라고 한다. 마을에는 파평 윤씨들의 기념비적 건물인 영벽정과 첨모재가 있다. 지역 사림에서는 매년 7월 16일 입향조의 기망일에 정자에서 계회를 하고 있다.

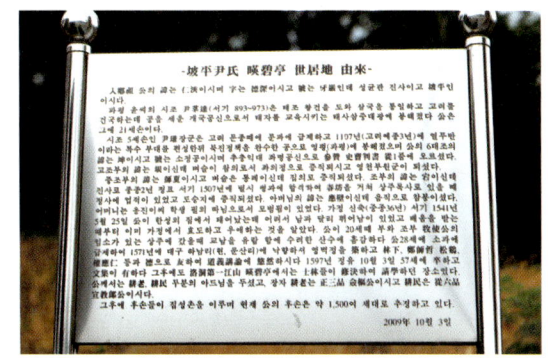

영벽정 입향조와 영벽정 안내 표지판

신라 진성왕 7년(893년) 지금의 경기도 파주군 파평산 기슭에 용연이라는 연못이 있었다. 어느 날 연못에 구름이 자욱하더니 천둥 번개와 함께 연못 위로 옥함玉函 하나가 떠올랐다. 고을 태수가 제단을 마련해 여러 날 기도했지만 여전히 안개는 걷히지 않았다. 같은 동네에 사는 윤온尹媼이라는 노파가 어느 날 이 옥함을 건져보니 그 안에는 옥동자가 있었다. 얼굴은 용의 상이요, 양쪽 어깨에는 붉은 사마귀(日月을 상징)가 있었다. 좌우 겨드랑이에는 여든한 개의 비늘이 있었고 발에는 북두칠성 모양을 한 일곱 개의 검은 점이 있었다. 노파는 아이를 거두어 기르며 자신의 성을 붙였다.

파평 윤씨 시조 윤신달의 탄생 설화이다. 그는 태조 왕건王建의 고려 건국을 도와 벽상삼한익찬공신壁上三韓翊贊功臣 삼중대광三重大匡 태사太師가 되었다. 중시조는 그 현손으로 여진을 정벌하고 9성을 쌓은 대원수大元帥 윤관尹瓘 장군이다

윤관 장군이 여진족과 싸울 때 전세가 불리하여 후퇴할 수밖에 없었던 적이 있었다. 그때 잉어 떼가 다리를 놓아주어 죽음을 면했다는 이야기가 전해지고 있다. 그래서 천년이 지난 지금까지도 파평 윤씨들은 잉어를 먹지 않는다. 잉어는 파평 윤씨의 토템인 셈이다. 아

문산마을 전경

파주 용연지

이러니하게도 문산리와 문양리에는 매운탕 집이 많다. 낙동강을 끼고 있는 문산마을은 예로부터 민물고기가 풍부했고 마을 주민들은 민물고기를 잡는 일에 능숙했다. 잡은 고기는 원근의 이웃과 나누어 먹었다. 많이 잡힐 경우 시장에서 물물 교환하거나 팔기도 했다. 다양한 종류의 고기가 잡히다 보

메기매운탕

니 고기의 종류에 따른 특별한 요리법이 발달할 수밖에 없었다. 이 지역을 방문하는 사람들이 문산의 민물고기 요리에 감탄하는 일이 많았다고 한다. 문산의 독특한 매운탕, 어탕, 조림 요리 영업이 시작된 이유를 짐작할 수 있다. 그러나 잉어매운탕을 파는 곳은 한 군데도 없고 주로 메기매운탕을 만든다고 한다.

문산 나루터

문산 나루터가 언제 생겼는지 정확한 유래는 알 수 없다. 16세기경 아암 윤인협 선생이 이곳에 정착하여 살고부터 나루터가 형성되었을 것으로 추정된다. 문산 나루터는 성주와 고령 일대의 주민들이 대구로 이동하고 주변에서 생산된 산물들을 타지역으로 운송하기 위하여 조성되었다.

나루터는 사람들이 운집하는 장소 혹은 조세를 운송하는 배가 잠시 정착하는 기착지로 활용되었다. 1905년(고종 42년) 경부선 철도가 개통되면서 대구로 들어가고 나오는 화물 운송 기능을 철도편에 빼앗겼다. 결정적으로 문산 나루터가 사라지게 된 계기는 낙동강을 가로

봄날의 낙동강변

지르는 교량의 건설이다. 낙동강 교량이 건설되기 전까지는 5일장인 고령장, 다끼장(고령 다산면), 동곡장, 왜관장, 선남장으로 농축산물 운반과 고령 다산면과 대구를 오가는 주민들의 왕래를 위해 이곳 문산 나루터가 이용되었다. 지금은 사문진, 박석진 나루터와 함께 육상교통의 발달로 사라지게 되었다. 나루터 상류에 준공된 성주대교는 대구의 서쪽 관문을 담당하면서 문산 나루터의 기능은 중단되었고, 성주와 고령군 일대의 주민들은 새롭게 개통된 교량을 이용하여 대구로 이동하였다.

조선 중기에 정자 문화가 성행하면서 낙동강변 경치가 빼어난 이곳에 영벽정이 건립된 후 영남 사림의 선비들이 금호강과 낙동강변 정자를 오가며, 풍류가 넘치는 선유船遊(뱃놀이) 문화를 즐기기 위해 나루터를 이용하였다. 고령 나산과 밀성 다사를 왕래하는 길목으로 문산 나루터는 수상 운송 수단의 중요한 역할을 했다. 예전 문산 나루터 주변은 넓은 농경지와 광활한 백사장, 갈대숲이 어우러져 겨울이면 무리 지어 나는 기러기들로 장관을 이루었으며, 다사 8경 중 낙강모범落江暮帆(낙동강 해질 무렵의 배), 영벽정 등 2경이 포함될 정도로 아름다운 풍광을 자랑하였다. 4대강 사업으로 광활한 금빛 모래사장과 철새 떼를 볼 수 없어 안타깝다.

문산 나루터 표지판

대담

―――――

아암 윤인협 선생과의
인터뷰

대담
— 아암 윤인협 선생과의 인터뷰

한국의 정자가 가지는 문화적 가치, 용도, 효용성 등을 생각하며 영벽정 설립자 아암 윤인협 선생과 가상 인터뷰를 진행했다. 이 대담을 통해 가치관의 혼돈 속에서 어렵고 힘든 삶을 살아가는 사람들, 특히 젊은이들이 현재와 미래에 참고할 수 있는 삶의 지혜를 얻게 되길 기대해 본다.

- 언제 : 2022년 6월 23일(음력 5월 25일)
- 어디서 : 영벽정 대청마루

묵강默江 윤일현尹一鉉(이하 묵강)

선생님 반갑습니다. 오늘은 1541년 선생님께서 이 땅에 오신 날입니다. 대담 날짜를 오늘로 정한 이유입니다. 선생님께서는 1573년(선조 6년) 영벽정을 건립했습니다. 10년이면 강산도 변한다는데 400년이 넘었으니 엄청난 변화가 일어났습니다. 감회가 새로울 것 같습니다. 산천도 사람도 모든 것이 다 변했습니다. 영벽정 주변은 강정고령보 건설로 정말 상전벽해의 대변화가 일어났습니다. 하상河床도 높아져 아금암은 옛날보다 높지 않아 보이고, 강은 거대한 바다나 호수가 된 것 같습니다. 선생님께 먼저 양해의 말씀을 드립니다. 저는 선생

1 영벽정 대청마루
2 영벽정 대청마루와 시판들

님이 살아계시던 시대부터 오늘에 이르기까지의 그 모든 역사를 선생님이 다 알고 계신다는 전제하에서 질문하려고 합니다. 또한 선생님이 동서양의 역사와 철학, 문화사도 꿰뚫고 계신다는 가정하에 이야기를 전개하려고 합니다. 독자들이 편하게 읽을 수 있도록 등장인물의 존칭은 생략하고 그냥 이름을 부르도록 하겠습니다.

아암牙巖 윤인협尹仁浹(이하 아암)

산 자를 챙기고 기억하는 것도 힘들 것인데 아득히 먼 옛날 사람을 초대해주어 감사합니다. 나 역시 양해를 구하겠습니다. 내가 살던 시대, 내가 알고 있는 지식에 근거해 답하겠지만, 주로 사서(대학, 논어, 맹자, 중용)와 삼경(시경 서경 역경[주역]) 등 고전에 근거한 내용이 많을 것입니다. 일일이 그 출전은 다 밝히지는 않겠습니다. 너무 딱딱하게 접근하면 지루할 수 있고 자연스러운 대화를 방해할 수 있기 때문입니다. 저승이란 이승과는 차원을 달리하는 곳이기 때문에 한순간에 시공을 초월하여 모든 것이 통하는 곳입니다. 저승에서는 전 인류가 시간과 공간의 제약 없이 항상 서로 교류하며 통합니다. 그래서 생뚱맞을지 모르지만, 대화 중에 서양인과 그들의 생각을 인용할 수도 있습니다.

묵강

낙동제일강산에 자리 잡은 낙동 풍류의 상징인 영벽정에서 선생님을 뵙는데 술 한 잔 안 올릴 수가 없네요. 선생님도 아시겠지만 달성군 유가면 밀양 박씨 종가에서 전승된 하향주입니다. 국화, 찹쌀, 누룩에 비슬산 맑은 물로 빚었고 술에서 연꽃 향기가 난다해서 붙여진 이름입니다. 1천1백 년 전통의 이 좋은 술이 경영난으로 더 이상 맛볼 수 없습니다. 이게 마지막 하향주입니다.

아암

1천년 넘게 이어온 고향의 명주銘酒가 명맥이 끊어지다니 참으로 안타까운 일입니다.

묵강

그렇습니다. 조선 광해군 때 비슬산에 주둔하던 주둔대장이 왕에게 이 술을 진상했더니, 광해군이 "독특한 맛과 향이 천하 약주"라고 칭찬했다는 말이 있을 정도로 유명한 술입니다. 『동의보감』에도 하향주는 "독이 없으며 열과 풍을 제거하고 두통을 치료하고 눈에 핏줄을 없애고 눈물 나는 것을 멈추게 한다"라고 기록되어 있습니다. 대구시나 달성군 차원의 보존책이 마련되면 좋겠습니다.

아암

그렇게 되길 바랍니다. 묵강도 한 잔 받아요. 술 좋아하는가요?

묵강

거의 마시지 못합니다. 선생님의 술과 사람, 풍류 등에 대한 견해를 듣고 싶습니다.

아암

모든 것은 좋고 나쁜 측면이 있습니다. 술도 마찬가집니다. 사람들이 왜 술을 좋아하고 싫어하겠습니까. 술은 사람의 마음 속 깊이 자리 잡고 있는 광기를 끄집어냅니다. 평소에 색시 같은 사람이 술만 마시면 아주 난폭하게 변하기도 하지요. 이런 사람은 주사酒邪를 조심해야 합니다. 어떤 사람은 주머니에 돈만 생기면 술을 마십니다. 미치지 않고서는 세상을 살아갈 자신이 없으니 그렇겠지요.

　우리 내면 깊숙한 곳에 있는 광기는 인간 본성의 일부이기 때문에 저 강물처럼 자연스럽게 물 위로 올라왔다가 또 물 아래로 잠기게 하면 강물처럼 즐겁게 노래하지만 억지로 가두어 억압하면 예기치 못한 순간에 엉뚱하게 분출합니다. 평소에 자신의 욕망을 지나치게 가둬 놓는 사람은 술을 마시면 '인간 이하'의 처신을 하게 되고, 마음의 문을 열어 두고 감정을 지나치게 억압하지 않는 사람이 술을 마시면 '인간 이상'으로 고양되어 시심詩心과 흥이 살아납니다. 고대 그리스의 심포지엄(향연)도 '함께 술을 마신다'는 뜻 아닌가요. 같이 술을 마시며 철학을 논하고 세상사를 토론했을 것입니다. 술기운은 인간의 이성을 약화해 광기가 아름답게 피어오르게 하지요. 술은 인간의 오만을 부추기기도 하고 다스리기도 합니다. 술은 인류 최고의 발명품이라 할 수 있어요. 술은 물로 된 불이 아닌가요. 겉보기에는 물이지만 속으로 들어가면 불꽃을 일으켜 사람을 훨훨 타오르게 하지 않습니까. 술은 우리를 신선이 되게 하지요. 술은 우리 내면에 있는 창의력을 부추겨 문학예술을 생산하게 합니다. 친한 벗과 술을 마시면 위선과 차가운 이성은 약화하고 광기와 예술적 영감이 힘을 발휘하게 되지요. 평소 내면의 열정과 광기를 잘 다스리지 못 한 사람은 술을 마시면 그 광기가 괴물이 되어 밖으로 나오게 됨을 명심해야 합니다. 이 정자에서 같이 술을 마시던 멋진 벗들이 생각납니다. 술은 잘 배울 필요가 있습니다. 같이 한 잔 쭉 들이키고 이야기해요.

묵강

선생님께서는 명문대가의 자손입니다. 바로 윗대가 모두 대단한 지위에 있었다는 사실은 자료를 통해 알 수 있습니다. 그런데도 선생님께서는 진사만 하시고 그 이상의 벼슬에 대한 미련을 버리신 이유가 궁금합니다.

아암

여러 곳에서 언급이 됐기 때문에 중복을 피하고자 필요한 이야기만 하겠습니다. 내 조부 윤탕은 조선조 통례원 좌통례를 지낸 사하師夏의 다섯째 막내아들이었습니다. 조부께서는 연산군 때 진사급제를 하셨지만 전시殿試는 보지 못한 상태에서 당숙인 필상공弼商公의 피화被禍에 연루되어 강원도 안협安峽(지금의 철원)으로 귀양 가는 비운을 겪으셨습니다. 중종반정으로 신원伸寃(복권)되었고, 1507년(중종 2년)에 대과에 급제하셨지요. 연산조 때 무오사화, 갑자사화, 중종 때 기묘사화, 명종 때 을사사화를 거치면서 연루된 선비들 상당수가 처참하게 죽거나 귀양을 갔습니다.

나는 피비린내 나는 권력 투쟁을 듣고 보며 젊은 날부터 현실 정치에는 상당히 회의적인 생각을 하고 있었습니다. 나는 어릴 때부터 책 읽고 글 쓰는 것을 더 좋아했습니다.

묵강

능력 있고 재능 있는 사람이 모두 물러나 초야에 묻힌다면 이는 국가적으로도 손해이고 백성들에게도 불행한 일이 아닌가요?

아암

타고난 천성을 거슬러 살기는 어렵지 않나요. 숨 막히는 긴장과 모험을 좋아하는 사람도 있고 붐비는 저잣거리에서 물러나 생각에 잠기기를 좋아하는 사람도 있습니다. 내 조부 탕 어른께서는 귀양 후 복권되어 대과에 급제하고 현실 정치에 들어가 훌륭한 목민관이 되었고, 탕건을 처음 고안하기도 했습니다. 사람마다 성향이 다릅니다. 내가 들은 이야기와 내가 보고 느낀 현실이 나를 현실 정치에서 한발 물러나게 했지요. 어느 시대, 어느 나라에서나 적극적으로 현실 정치에 참여하는 사람이 있고, 물러나 학문과 문학을 즐기며 현실 정치가 이상적으로 흘러가도록 간접적으로 참여하는 사람이 있습니다. 나에게는 권력 욕구보다는 문학적 감수성과 학문적 열정이 더 앞섰다고 볼 수 있습니다.

묵강

좀 당돌한 질문일 수 있는데 용서해 주시기 바랍니다. 개인적인 생각입니다만, 진사라는 벼슬이 참 어정쩡한 것 같습니다. 양반으로 행세하면서도 정사에 나서지 않고 무위도식하는 '벼슬 아닌 벼슬'이라는 생각도 듭니다.

아암

무위도식이 나쁜 것인가요? 어떤 형태의 무위도식이냐가 문제지요. 출세 욕심을 버리고 초야에 묻혀 지역민들에게 삶의 모범을 보여주는 학자는 농사로 치면 기름진 논과 밭에 해당합니다. 근본 토양이 건강하고 비옥해야 현실 정치가 꽃을 피우게 됩니다. 지방 유림들은 그 지역민을 교화하면서도 국난을 당했을 때는 앞장서서 싸우는 사람들이 많지 않았나요. 모두가 나서서 정치를 할 수는 없어요. 지역 선비들이 어쩌면 가장 생산적인 지식인이라고 할 수도 있습니다. 어느 누구도 밥만 축내는 무위도식자는 없었습니다. 지역 선비들과 학자들 중에는 발랄한 재주와 참신한 발상을 가진 괴짜가 많았지요. 그들이 이룩한 학문, 문학과 예술이 나라를 지탱하는 힘이 되었다고 할 수 있습니다.

묵강

아무 연고도 없는 이곳 문산리로 조모와 부모님을 모시고 내려온 이유를 알고 싶습니다.

아암

내 나이 스물에 부친을 모시고 상주목사로 계시던 조부의 임지를 찾은 적이 있습니다. 그때 교남(영남) 일대를 유람했는데 영남의 기묘한 산수와 장엄한 풍광에 완전히 반했지요. 무엇보다도 영남의 순박한 풍속에 깊은 감명을 받았어요. 내가 본 영남 여러 곳 중에서 이곳 영벽정이 있는 하남리 일대가 최고였지요. 들은 넓고 땅은 기름졌습니다. 산과 강을 즐기며 고기잡이와 나무하는 기쁨이 그 무엇과도 바꿀 수 없었지요.

    나는 1568년(선조 1년)에 진사시에 합격했습니다. 권력투쟁과 모함이 난무하던 한양을 떠나고 싶었습니다. 젊은 날 내가 점찍어 둔 이곳 하남리로 1571년 조모와 부모님을 모시고 무작정 내려왔지요. 조부 탕의 묘소가 연천에 있고, 좀 떨어진 파주에서 시조 신달공께서 탄생하셨습니다. 파주에 문산이란 지명이 있어요. 나는 여기 하남리에 자리 잡으면서 이곳을 제2의 고향으로 삼으려고 여기도 문산이라 불렀습니다. 그래서 지금의 문산리가 생겨났습니다.

묵강

영벽정을 건립하게 된 특별한 동기가 있으신지요? 건립 당시 이곳 풍경은 어떠했는지요?

아암

내가 28세에 진사에 오르고 31세에 여기 하남리로 왔습니다. 나는 한양과 하남리를 오가며 살았습니다. 33세 때인 1573년(선조 6년)에 이곳 하남리 행탄 위 아금암에 정자를 지었습니다. 하늘의 맑은 빛과 구름의 그림자가 같이 배회한다는 뜻을 취해 영벽정이라고 이름 지었습니다. 그 당시 여기는 십 리 푸른 강이 동서로 길게 띠를 두른 듯 뻗쳤지요. 아지랑이 피어오르는 절벽과 바람을 타고 유유히 떠가는 돛단배가 있는 이곳은 진실로 낙동제일강산이었습니다.

이곳에 올라 벗들과 친목을 도모하며 시를 지으면 지는 해도 멈출 정도였지요. 여기 서서 보세요. 저 멀리 가야산과 비슬산 봉우리가 신비롭고 기이한 모습으로 다가오지 않는가요. 이곳에선 구름과 연기, 물고기와 새가 자유롭게 뜨고 가라앉았지요. 넓고 맑음이 텅 비어 있음과 절묘한 조화를 이루는 절경이지요. 군자가 은둔하기에 이보다 좋은 장소가 있을까 싶었습니다.

묵강

자료를 보면 임하 정사철, 송계 권응인 선생님과 도의로써 벗하며 각별히 지내셨다지요. 시를 짓고, 경서와 역사책을 읽으며 학문과 시국을 논하신 것으로 압니다. 그분들과의 교분에 대해 좀 말씀해 주십시오.

아암

임하 정사철은 이곳 하빈현 동곡리 출신입니다. 그는 어린 시절부터 학문에 두각을 나타냈고 문장 능력이 뛰어났어요. 임하는 나를 비롯해 곽재겸郭再謙·손처눌孫處訥·서사원徐思

꿈꾸는 느티나무

遠 · 도원결都元結 · 채몽연蔡夢硯 · 곽대덕郭大德 · 주신언朱信言 등과 어울려 학문과 문학에 정진했습니다. 그는 지역에 강학 장소를 지속해서 마련했습니다. 일찍이 1554년(명종 9년) 성주목 팔거현八莒縣 사양泗陽(현 대구광역시 북구 사수동)에 서실書室을 지었으며, 1568년(선조 1년)에는 연화동煙花洞(현 대구광역시 달성군 다사읍 매곡리)에 임하林下 초당草堂을 지었지요. 1570년(선조 3년) 생원시에 급제했지요. 1571년 한강 정구 선생이 임하 초당을 찾아와 학문을 토론하기도 했습니다.

임하의 아들 정광천이 정구의 문인입니다. 그는 고을의 여러 인사와 향교에서 강학했습니다. 임하 역시 1586년(선조 19년) 낙동강 기슭 아금암牙琴巖에 초당을 지어 여러 명사와 교유했습니다. 1587년(선조 20년) 남부 참봉南部參奉에 제수되었으나 나아가지 않았지요. 이 해에 선사서사仙查書社(현 대구광역시 달성군 다사읍 이천리 소재)를 지었지요. 1592년(선조 25년) 임진왜란이 발발하자 정사철은 고을의 여러 인사들과 함께 팔공산에서 의병을 일으켰습니다. 이때 의병장에 추

느티나무와 강과 대문

대되었고, 경상 우도 초유사招諭使 김성일金誠一 선생이 소모관召募官에 임명하였으나 병으로 직을 수행하지 못했습니다. 전란이 지속되자 임하는 가족을 데리고 고령현과 거창현 등지로 피난을 갔으나 1593년(선조 26년) 전염병에 걸려 피난지 거창현에서 세상을 떠났습니다.

송계 권응인은 참으로 재능이 걸출한 학자였지요. 그러나 서자라는 타고난 신분적인 한계 때문에 자신의 포부와 역량을 마음껏 펼치지 못하고 한리학관이라는 미관말직으로 공직생활을 끝마쳤습니다. 조선 초기에 제정된 서얼차대법과 서얼금고법이란 악법이 결국 이런 능력자들의 사회진출과 국가공동체를 위한 역량 발휘를 원천적으로 봉쇄해버렸지요. 조선은 더욱 크게 번창할 수 있는 여러 가지 여건을 갖추었음에도 불구하고 크게 발전하지 못하는 한계를 노출한 것이지요. 그렇지만 송계는 자신에게 주어진 신분적 한계에 좌절하지 않고 엄청난 심적 갈등을 겪으면서도 신분적 한계를 극복하고 승화시켜 걸출한 문학적 결과물을 생산했습니다. 내 살아생전이나 지금이나 송계에 대한 존경의 마음은 변함이 없습니다.

송계의 저항과 수용의 시 세계는 신분상 제약으로 인한 갈등과 기행이 녹아들어 있습니다. 신분적인 한계는 송계 자신의 선택이 아니라 주어진 것이므로 개인의 노력으로는 도저히 벗어날 수 없는 현실이기에 심각한 내적 갈등을 겪을 수밖에 없었지요. 심지어는 꿈속에서조차 이를 벗어난 세계를 구현해보려는 일종의 기행적인 모습까지 보여주었지요. 그는 당면 현실과 세태에 대해 예리하게 비판했습니다. 송계는 민의의 수렴기능이 마비된 정치적 장치, 목민관의 부재와 파렴치한 아전들의 발호, 무기력한 정치 현실과 안일한 현실 인식을 소유한 위정자들의 태도 등을 강하게 지적하고 비판했습니다. 그러면서도 그는 지족과 달관의 자세를 보여주었지요. 송계는 이러한 삶을 통하여 내면적으로 일정 부분 갈등을 겪는 자기 삶을 초극 내지는 승화를 시킨 셈이지요. 두 분의 삶과 학문을 되새겨 보길 바라는 마음에서 두 분을 좀 길게 설명했습니다.

묵강

임진왜란이 발발했을 때 선생님께서는 와병으로 의병 활동을 못 하시고 부모님을 모시고 피난 가신 것으로 알고 있습니다. 그때 심경이 어떠했는지요?

아암

1592년 임진년 왜구들이 쳐들어왔습니다. 왜구의 수가 많아 4월에 경주성이 함락되었다는 소식을 듣고 통곡했습니다. 당시 나는 병이 들어 의병을 일으켜 나갈 수도 없어 식솔을 거느리고 성주 고소동, 경주, 안강 기계 등으로 피난을 다녔으며, 전쟁이 남긴 참혹한 광경을 보며 눈물을 흘렸습니다. 그 당시 내 종형 죽재공 윤인함이 경주부윤으로 있었습니다. 종형은 전란의 피해를 복구하는 데 온몸을 바쳤습니다. 돌이켜보면 내 몸이 노쇠하고 병들어 왜구를 물리치는데 앞장서지 못함은 천추의 한이였습니다.

1596년 왜구가 물러가고 마침내 옛집으로 돌아왔습니다. 그 당시 같이 경연하며 시를 짓던 임하 정사철 등 동료 학자들이 의병을 일으켜 왜구의 침략에 맞섰지요. 난 병든 몸으로 식솔의 안전을 지키는 것도 버겁고 힘들었지만, 여러 지인의 도움으로 그 환란 기간을 견딜 수 있었지요.

묵강

영벽정에 앉아 저 강물과 산을 바라보면 정자는 단순히 휴식을 취하며 모여 노는 곳이 아니라는 생각을 하게 됩니다. 아주 치열한 자기 수양의 공간이기도 한 것 같습니다. 학문과 삶을 대하는 자세와 마음이 어떠하셨는지 알고 싶습니다.

아암

『논어論語』맨 첫 부분 '학이學而'를 생각해 보십시오. "배우고 그것을 때에 맞게 익혀 나가면 기쁘지 않겠는가? 벗이 먼 곳에서 찾아오면 어찌 즐겁지 않겠는가? 남들이 알아주지 않아도 노여움을 품지 않으면 군자답지 않겠는가?" 이 말은 공자님이 생존해 있던 당시나 내가 살던 시대, 묵강과 마주 대화를 나누고 있는 지금 이 순간에도 고루한 말이 아닙니다. 진리는 시간과 공간을 초월하여 항상 현재성을 가지는 것 아닌가요. 난 공자님 가르침 중에서 두 '학이불사즉망學而不思則罔, 사이불학즉태思而不學則殆' 구절을 좋아합니다. 배우기만 하고 생각하지 않으면 얻음이 없고, 생각만 하고 배우지 않으면 위태롭다는 뜻이지요. 배우기만 하고 생각하지 않으면 진정한 학식을 얻을 수 없어 공허하고, 생각하기만 하고 배우지 않으면 독단과 오류에 빠질 위험이 있으니 위태롭다는 뜻입니다. 얼마나 좋은 말인가요. 예전에도 그랬지만 우리는 항상 배우면서 생각하고, 생각하면서 배워야 합니다. 두루 경험하면서 시행착오를 통해 이론과 실천을 조화시키는 방법을 찾아야 합니다.

이 말도 해주고 싶어요. 자공이 공자님께 "가난해도 아첨하지 않으며, 부유해도 교만하지 않으면 어떻습니까"라고 물었는데 공자님이 "괜찮다. 그러나 가난해도 도를 즐기고, 부유해도 예를 좋아하는 것만은 못하다"라고 답했지요. 공자님은 "남이 자기를 알아주지 않는 것을 근심할 것이 아니라, 내가 남을 알아보지 못할까 근심해야 한다"라고 하셨습니다. 이런 말들을 고루하거나 진부하다고 할 수 있겠나요. 만고불변의 진리지요. 나는 정자에 앉아 자주 공자님의 말씀을 생각했어요. "군자는 글로써 벗들을 모으고, 벗으로써 자신의 어진 덕성을 기른다" 나는 좋은 사람들을 만난 것을 천복이라 생각하며 살았습니다.

묵강

요즘 젊은이들은 치열한 생존 경쟁 속에서 너무 힘겹게 살고 있습니다. 경쟁 사회를 현명하게 살아가는 방법에 대해 말씀해 주십시오.

아암

공자님은 "군자는 다툴 일이 없으나, 만약 있다면 반드시 활쏘기 시합하듯이 한다. 겸손하게 읍揖(인사하는 예禮의 하나. 두 손을 맞잡아 얼굴 앞으로 들어 올리고 허리를 앞으로 공손히 구부렸다가 몸을 펴면서 손을 내린다)하고, 사대射臺에 오르고 내려와서는 진 사람에게 벌주를 마시게 하니 그러한 경쟁 방식이 군자답다"라고 했습니다. 군자는 사양함과 겸손함을 중요하게 여겼지요. 활쏘기 같은 무예는 비교하는 시험이기 때문에 누구나 이기려는 생각을 하게 됩니다. 다투지 않을 수 없을 때도 예를 갖추는 게 중요하지요. 오르내릴 때 사람들에게 읍을 하고 승부가 결정되면 진 편이 벌주를 마셨지요. 불가피하게 경쟁해야 할 때도 예를 갖추면 적을 만들지 않고 결정적인 순간에 반대 진영도 내 편에 서게 할 수 있습니다.

살벌하다고 할 정도로 긴박감을 느끼게 하는 이 무한 경쟁의 시대에 어떻게 살아야 할까요? 나는 경쟁심이 업무의 효율을 끌어올리고 삶을 생기 있게 만들며 생활을 재미있게 해 줄 수 있는 요소가 될 수 있다고 생각합니다. 질투는 경쟁의 부산물이지만, 때로 질투심은 사람을 진보하게 만드는 동력이 될 수도 있습니다. 경쟁을 무조건 나쁘다고 가르쳐서는 안 된다고 생각합니다. 지금 이 세상은 모든 것이 사생결단이지요. 한번 잘 살펴보세요. 교육이 경화되어 유연성을 상실하게 될 때 기존의 선망 받는 직업에 모든 인재가 벌떼처럼 달려듭니다. 의사 지망생과 고시 지망생이 이렇게 많다는 것은 사회가 그만큼 경직되어 있다는 증거지요. 지금 대학가에는 비록 탁상공론이라 할지라도 진보적 유토피아, 새로운 가치와 윤리, 국가와 민족의 장래 같은 거시적 담론은 사라지고 맹목적 소비주의, 고시 열풍과 같은 계산적 합리주의, 일상의 허무와 무의미에서 탈출하려는 육체적 쾌락주의 등이 모든 논의에서 헤게모니를 장악하고 있지 않나요? 결과중시주의는 필연적으로 한탕주의와 기회주의자를 양산합니다. 이런 환경에서는 진정한 배움의 기쁨이나 평생 가슴에 남게 될 진한 감동 따위는 들어설 여지가 없어요.

정해진 몇몇 자리를 위해 치열한 소모적 경쟁을 벌이기보다는 스스로 '새로운 자리'를 창조하려는 분위기가 넘쳐흐를 때 그 사회는 젊어지고 탄력성이 유지됩니다. 나보다 앞서 가는 사람을 시샘하고 다른 사람이 차지하고 있는 자리를 탐하기보다는 자신의 '햇볕'을 지키고 즐길 줄 아는 고대 그리스의 디오게네스적 인간형이 존경받는 풍토를 조성해야 합니다. 새로운 자리를 창조하고 그 공간을 의미 있게 확장할 줄 아는 열정적인 삶, 그 과정에서 겪게 되는 경쟁과 긴장을 즐길 수 있으면 좋겠습니다.

묵강

요즘은 정신적 가치보다는 물질이 우선하는 것 같습니다. 대부분 사람이 부와 재물을 얻기 위해 수단과 방법을 가리지 않습니다. 수많은 사람이 성공을 확신하지 못하면서도 부동산, 증권, 비트코인 등에 투자했다가 파산하기도 합니다. 도대체 부란 무엇인지요? 이 물질 만능의 시대를 어떻게 살아야 하는지요?

아암

'무항산자무항심無恒産者無恒心'란 말은 맹자가 산동성에 있던 소국 등滕의 문공文公에게 정치의 방법을 질문 받고 그 유명한 정전설井田說을 설명하는 가운데 나온 말입니다. 항산恒産이란 일정한 생업을 말하고, 항심恒心이란 변하지 않는 지조志操를 뜻합니다. 따라서 글귀의 전체적인 뜻은 '생활의 안정을 얻지 못하면 마음의 평화조차 잃어버린다'로 새길 수 있지요. 행복한 삶을 위해 돈이 전부는 아니지만, 꼭 필요한 것이기도 합니다. 그러니 지나치게 돈만 추구해서도 안 되고 돈을 무시해서도 안 됩니다. 가능하다면 필요한 만큼 가질 수 있도록 최선을 다해야 하겠지요. 젊은이의 취업난은 예사로운 일이 아닙니다. 국가는 국민이 최소한의 안정된 생활을 유지할 수 있는 정책을 마련해야 합니다. 젊은이들의 절망과 좌절을 방치해서는 안 됩니다. 이들의 불만이 누적되면 결국 나라 전체가 위태로워집니다.

젊은이들은 어떤 상황에서든 바른길을 걷도록 노력해야 합니다. 공자님께서는 "부유함과 높은 지위는 누구나 원하는 바지만, 정당한 방법으로 얻는 것이 아니면 그에 머물러 있지 않는다. 가난함과 비천함은 누구나 싫어하지만, 정당한 방법으로 벗어나지 못하면 그것을 떠나지 않는다"라고 했습니다. 가난은 누구나 싫어하지만 억지로 벗어나려 해도 안 됩니다. 무리하게 편법이나 지름길을 찾다 보면 오히려 더 꼬이는 경우가 많아요. 일확천금을 기대해서는 안 됩니다. 한발 한발 나아갈 필요가 있습니다.

공자님께서는 또 "사치스러우면 겸손하지 못하고, 검소하면 고루해진다. 겸손하지 않은 것보다는 차라리 고루한 것이 낫다"라고 했습니다. 나는 겸손한 사람이 궁극에 가서는 성공할 확률이 높다고 생각합니다. 공자님은 "군자는 마음이 평탄하게 넓으며, 소인은 늘 근심하고 두려워한다"라고 했어요. 우리가 어떤 상황에 부닥치든 겸손하고 평안한 태도를 유지해야 합니다. 이 말이 이 시대에는 맞지 않을 수도 있지만 한 번 더 생각해 보세요. 오히려 이 시대 사람들이 더 경청할 필요가 있는 말이 아닐까 싶어요. 공자님께서는 "지위가 없음을 걱정하지 말고 지위를 맡을 만한 자질을 갖추었는지를 걱정하며, 자기를 알아주는 사람이 없음을 걱정하지 말고 알려질 수 있을 만한 실력을 구하라"라고 하셨습니다. 이 말도 꼭 마음에 넣어 두고 참고하면 좋겠습니다.

묵강

진사 어른께서는 이 정자에서 홀로 또는 동료 학자들과 고담준론을 펼쳤고, 수많은 시인묵객들과 저 유유히 흐르는 강을 바라보며 사색에 잠겼을 것입니다. 보고 듣고 말하는 것이 생산적이 되려면 어떻게 해야 합니까?

아암

『대학大學』에 자신을 수양, 수신한다는 것은 마음을 바르게 하는 것이란 내용이 있어요. 마음속에 노여움, 놀라서 무서워하는 것, 지나치게 좋아하고 즐기는 것, 근심 걱정 등이 있으면 바른 마음을 얻을 수 없다고 했습니다. 또, 마음이 다른 데 가 있으면 무엇을 보고 들어도 실상을 파악하지 못합니다. 『대학』에 '심부재언心不在焉, 시이불견視而不見, 청이불문聽而不聞, 식이부지기미食而不知其味'란 구절이 있어요. '마음이 없으면 보아도 보이지 않고, 들어도 들리지 않으며, 먹어도 그 맛을 모른다'는 말입니다. 마음에서 우러나오고 간절하지 않으면 본질에 이를 수 없다는 말이지요. 마음에 없으면 음식을 먹어도 맛을 모르지 않나요. 인용한 한문을 잘 보세요. 두 개의 보다視(見)와 두 개의 듣다聽(聞)가 있습니다. 마음에 없이 건성으로 보고 듣는 것은 '시청視聽'이라 하고 마음에 두고 보고 들어 내가 성장하고 깊어지게 되는 것은 '견문見聞'이라 합니다. 예나 지금이나 건성으로 보고 듣는 것(시청)이 너무 많습니다, 내가 보고 듣는 것으로 내 학식과 생각이 깊어지도록 '견문見聞'을 넓혀야합니다. 다시 강조하지만 자연과 사람을 대할 때 제대로 보고 듣도록 애써야 합니다. 공자님이 "사람이 도를 넓힐 수 있지 도가 사람을 넓히는 것은 아니다"라고 했습니다. 이 말은 사람이 도덕적 자각에 기초해 주체적이고 능동적인 실천을 해 나가야 하는 점을 강조한 것입니다. 공자님은 잘못하고도 고치지 않는 것이 가장 나쁘다고도 하셨습니다.

묵강

『대학』에 나오는 '수신제가치국평천하修身齊家治國平天下'는 오늘의 관점에서 어떻게 받아들

여야 합니까?

아암

잘 알겠지만, 집안을 다스리고 나라를 다스리고 천하를 평안하게 하는 첫걸음이 바로 나 자신을 다스리는 일입니다. 예나 지금이나 이 가르침이 원칙적으로는 맞는다고 해야겠지요. 다만 평생을 노력해도 자기 자신을 제대로 수신修身할 수 없는데 언제 나라까지 다스릴 수 있느냐고 말하는 사람이 있다는 사실도 알고 있습니다.

하층민이나 범인이 지배계층을 넘볼 수 없게 할 의도로 한 말이라고 항변하기도 합니다. 그 주장도 일부 맞다고 할 수 있어요. 평생 노력해도 자기 자신을 한 경지에 올리기가 어렵지요. 그런데 언제 자신을 갈고닦아 가정을 다스린 후 천하를 평안하게 할 수 있겠느냐는 말이지요. 이 말은 무슨 일을 하더라도 평생 자신을 갈고 닦아야 하며 게을러서는 안 된다는 뜻으로 받아들이면 됩니다.

『대학』에 '구일신苟日新, 일일신日日新, 우일신又日新' 이란 말이 있습니다. 은나라 탕임금이 자신을 경계하기 위해 세숫대야에 새겨 놓았다는 훈계의 글입니다. 탕왕이 이 글귀를 새긴 이유를 짐작할 수 있는가요. 날마다 목욕하면서 이 글귀를 보고 때를 씻어 내어 몸을 깨끗하게 하라. 동시에 자신을 돌아보고 성찰하며 현실에 안주하려는 진부한 마음도 같이 깨끗하게 닦아내어 몸과 마음을 새롭게 하라는 뜻이지요. 질문한 『대학』의 구절은 늘 새로운 마음가짐으로 자기 발전을 추구하라는 뜻으로 받아들이세요.

묵강

삶은 타인과의 관계로 이루어집니다. 사람과 만나고 헤어질 때 어떤 마음과 자세를 가지는 것이 바람직한지요?

아암

공자님 제자 자로子路는 다른 사람이 그의 잘못을 지적하면 기뻐했고, 우임금은 훌륭한 말을 들으면 그 사람에게 절을 했고, 순임금은 남과 더불어 선행을 행하면서 남의 장점을 즐겁게 받아들였습니다. 순임금은 농사를 짓고 그릇을 만들며 고기를 잡던 시절부터 천자가 되었을 때까지 다른 사람의 장점을 받아들이지 않은 것이 없었습니다. 또 남들과 함께 선행을 하는 것보다 더 중요한 것은 없습니다. 지식이든 권력이든 재물이든 가진 자가 가장 보람 있게 사는 방법은 가진 것을 베풀어 주는 것입니다. 이점을 꼭 기억하면 좋겠습니다. 맹자께서 "백이는 섬길 만한 임금이 아니면 섬기지 않았고, 사귈만한 친구가 아니면 사귀지 않았으며, 악인의 조정에는 서지 않았고 악인과 말하지 않았다"라고 했습니다. 『논어』에서 공자님은 "유익한 친구가 세 가지요, 해로운 친구가 세 가지다. 정직한 사람과 벗하고, 성실한 사람과 벗하며, 견문이 많은 사람과 벗하면 유익할 것이다. 편벽한 사람과 벗하고, 앞에서 복종하는듯하면서 내심으로 다른 생각을 하는 사람과 벗하며, 말을 잘해 교묘하게 둘러대는 사람과 벗하면 해로울 것이다"라고 했습니다. 또 『논어』의 이 말을 새겨두십시오. '삼인행필유아사언三人行必有我師焉. 택기선자이종지擇其善者而從之, 기불선자이개지其不善者而改之.' 여러 사람이 길을 같이 가면 반드시 내 스승이 있다. 좋은 점은 찾아서 따르고, 좋지 않은 것을 보면 거울로 삼아 내 잘못을 고쳐야 한다는 말입니다.

『중용』에 "몸과 마음을 깨끗이 하고 의관을 단정히 차려입고서 예가 아니면 움직이지 않는 것이 자신을 수양하는 방법이다. 남 헐뜯는 말을 하지 않고 여색을 멀리하며, 재물을 중시하지 않고, 덕을 귀히 여기는 것이 현자를 격려하고 고무하는 방법이다. 충직하고 신의 있는 이에게 봉급을 후하게 주는 것은 선비를 격려하고 고무하는 방법이다. 날마다 살피고 달마다 심사하여 그가 한 일에 상응하는 보수를 주는 것이 온갖 기술자를 격려하고 고무하는 방법이다. 떠나는 이와 오는 이를 정성껏 맞이하고, 잘하는 이를 칭찬하고 능력 없는 사람을 불쌍히 여겨라"라는 말도 마음에 새겨보길 권합니다.

묵강

살아가면서 수많은 역경에 처하게 됩니다. 그럴 때마다 어떤 자세로 사는 것이 바람직합니까?

아암

『중용』에 '상불원천上不怨天, 하불우인下不尤人'이란 구절이 있습니다. 위로는 하늘을 원망하지 말고 아래로는 남을 탓하지 말라는 뜻이지요. 『중용』에 있는 역경을 대하는 태도에 관한 공자님의 말씀입니다. 공자님은 "군자는 뜻한 바대로 되지 않았을 때 그 원인을 자신에게서 찾지만, 소인은 남에게서 찾는다"고 했어요. 우리 주변에는 공은 내 덕이고 잘못은 남 탓이라고 생각하는 사람이 많습니다. 그런 태도보다는 어떤 역경 속에서도 최선을 다하면 하늘이 반응해 줄 것이라고 믿어야 합니다. 무엇이 잘못되면 남이나 운명을 탓하지 말고 먼저 자신이 실수한 것은 없는가, 그렇다면 어떻게 고치고 내쳐할 것인가를 생각하는 자세가 중요합니다. 자신의 잘못과 실패를 인정하는 것이 힘은 들겠지만, 내키지 않아도 인정하는 것이 가장 용기 있는 행위라는 사실을 알아야 합니다. 『중용』의 이 구절에서 유래된 사자성어가 원천우인怨天尤人 아닌가요. '하늘을 원망하고 사람을 탓함'이란 뜻입니다.

묵강

좀 가벼운 질문을 하나 드리겠습니다. 저는 새벽, 대낮, 저녁, 한밤중을 가리지 않고 여기 온 것 같습니다. 낙조의 풍경을 바라보거나 달빛에 강물이 출렁이는 모습을 보며, 또 물소리와 바람 소리를 들으며 자연의 신비를 새삼 느끼게 됩니다. 콘크리트 건물에 밤낮없이 장시간 갇혀 있어야 하는 청소년들을 생각해보면 답답합니다. 그들에겐 자연의 소리, 소음에 가까운 광란의 소리가 아닌 진정한 '그린green 음악'이 필요하다는 생각을 많이 했습니다.

아암

묵강 말이 맞습니다. 먼저 음악의 필요성과 중요성을 말하기 위해 후배 실학자 다산 정약용 선생의 말을 함께 음미해 봅시다. "음악이 없어진 후에 형벌이 무겁게 되고, 음악이 없어진 후에 전쟁이 자주 일어나게 되고, 음악이 없어진 후에 거짓이 성하게 되었다" 그것이 그렇게 된 이유를 아는가요? "일곱 가지 감정 중에서 그것이 나오기는 쉬워도 참고 막기란 어려운 것인데, 이것은 분노이다. 답답한 사람은 마음이 침착하지 못하고, 성난 사람은 마음이 풀리지 않는 법인데, 바로 그때 사람에게 형벌을 가해 한때의 기분을 통쾌하게 하면 비록 통하여 도리가 순조로울 수 있겠으나 거문고와 피리, 종과 정의 소리를 듣고 그 마음이 침착해지고 풀리는 것과 같지 않다. 음악을 만들지 않으면 교화敎化도 마침내 베풀어질 수가 없으며 풍속도 마침내 변화시킬 수가 없어서 천지의 화기로움을 이룰 수가 없다"라고 하지 않았나요.

　지금 수많은 장르의 음악이 있지요. 다 필요에 의해 생겼고 특정 장르마다 특정 애호가가 있으니 나름의 기능과 용도가 있을 것입니다. 개인적 취향과 성향이 어떤 장르를 좋아하든 우리는 궁극적으로 자연의 소리에 귀 기울여야 합니다. 그것은 나의 근원과 관계되는 소리이기 때문이지요. 그런 점에서 '그린 음악'은 모든 사람에게 필요한 음악이라 할 수 있습니다.

묵강

다산 선생님의 '형벌로 도리를 순조롭게 할 수 있지만, 음악으로 마음이 침작해지고 풀리는 것만 못하다'는 말씀에 공감합니다. 단재 신채호 선생님께서는 "지금 젊은이들이 읽고 있는 책과 즐겨 부르는 노래를 보면 그 나라의 미래를 알 수 있다"라고 했습니다. "동요가 사라진 곳에서는 젊은이들이 병들고 궁극에는 그 나라가 어려움에 부닥칠 것이다"라는 말도 있습니다. 좋은 시와 문장, 아름다운 멜로디는 사람의 마음을 고무하거나 가라앉히는 데 정말 중요한 역할을 하는 것 같습니다.

산이 강물에 안기는 시간

아암

묵강 말이 맞아요. 글이든 음악이든 너무 지나치게 탐닉해서는 안 된다는 것도 기억하세요. 묵강은 이 정자에 고요히 앉아 있으면 어떤 음악이 떠오르나요?

묵강

달멍, 물멍, 숲멍, 노을멍 하다 보면 가야금이나 대금 독주가 어울릴 것 같지만 때론 재즈를 흥얼거리기는 자신을 발견하고 놀라기도 합니다.

아암

재즈 좋지요. 가야금이나 거문고, 대금의 정적이고 격조 높은 음악도 어울리겠지만, 영혼을 자유롭게 해방시키는 재즈 음악이 때로 이 풍경에 더 어울릴 수도 있다고 생각합니다. 전통음악과 클래식 음악이 정해진 형식과 규율에서 벗어나지 않으려고 자기 억압적인 구심력을 중시한다면 재즈는 끊임없이 밖으로의 일탈과 탈주, 자유를 갈망하는 원심력적 음악이라 할 수 있습니다. 정자란 구속에서 벗어나려는 마음과 더 통하니, 재즈를 흥얼거리는 것은 매우 자연스러운 반응이라 할 수 있겠지요.

묵강

선생님 말씀을 들으니 정자란 포스트모던을 추구하는 공간이라 할 수도 있겠습니다. 포스트모더니즘postmodernism은 근대주의modernism의 중앙집중과 이성중심주의에 대해 근본적인 회의를 내포하고 있는 사상적 경향의 총칭입니다. 탈중심적 다원적多元的 사고, 탈이성적 사고가 핵심이지요. 정자 자체가 중심에서 벗어난 변방의 다양성을 의미합니다.

아암

정자란 집 밖, 탈 가정의 목적도 있고, 탈 중앙 정치하여 유유자적하며 음풍농월하는 공간이기도 합니다. 물론 일부 사람들처럼 변방에 있으면서도 끊임없이 중앙정가를 갈망한다면 즐겁고 행복하지 않겠지요. 사정이 어떻든 초야에 있는 선비들이 중앙정치에 끼친 영향을 무시해서는 안 됩니다.

 변방은 중앙의 무게 중심을 잡아주는 역할을 합니다. 이 세상 만물을 살펴볼 때 주변 없는 중심은 없어요. 주변과 중심은 독자적으로 존재할 수 없고 상호 연관성 속에 있어야 서로가 상생할 수 있습니다. 주변을 무시한 채 자기중심에 대한 성찰과 반성이 없다면 중심 자체가 위태로워집니다. 어느 시대를 막론하고 현재의 중심을 제대로 알고 바로 세우기 위해서 그 중심을 초월하는 다른 중심축을 가져야 합니다. 변방은 가장자리에 있으면서도 언제라도 새로운 중심축이 될 수 있는 가장 가변적이고 역동적인 곳이기도 합니다.

묵강

저는 영벽정에서 아인슈타인을 생각하기도 합니다. 아인슈타인의 제자들이 스승에게 "선생님의 그 많은 학문은 어디에서 나왔나요"라고 묻자, 그는 손끝에 한 방울 물을 떨어뜨리며 "나의 학문은 바다에 비하면 이 한 방울 물에 지나지 않는다"라고 했습니다. "그러면 선생님은 어떻게 학문에 성공했나요"라고 다시 묻자, 그는 'S=x+y+z'라고 써 주면서 "S는 성공이며, x는 말을 많이 하지 말 것, y는 생활을 즐길 것, z는 한가한 시간을 가지라는 뜻이며 이것이 성공의 비결"이라고 했습니다. 말을 많이 하면 실수가 있고, 한가한 시간이 없으면 고요히 생각할 시간이 없어 차분하게 이성적인 사색의 시간을 갖지 못하게 된다는 뜻입니다. 공부나 일이나 즐겁게 하지 않으면 생산성이 없다는 사실을 우리는 모두 경험으로 잘 알고 있습니다. 한가한 시간이 없으면 공부뿐만 아니라 다른 일을 할 때도 깊이가 없습니다. 인류문명의 발상지를 살펴보면 적어도 한 계절은 농한기가 있었습니다. 사철 내내 일만 해야 하는 곳에서는 문명이 발아되어 꽃 필 수 없었습니다. 여유가 있는 곳에서 문학과 예술, 훌륭한 사상과 철학이 나왔습니다. 생의 활기도 넘쳤고요.

여유를 가지고 생활을 즐기며, 말을 많이 하지 않으면서 사색을 즐기는 생활은 동서양이 공통으로 추구하는 미덕이라고 할 수 있습니다. 정자 문화와도 일맥상통한다고 할 수 있습니다.

아암

정자에 머무는 동안만이라도 마음의 여유와 기다림에 대해 생각해 보세요. 밤잠을 설치며 노력해도 원하는 것을 성취하지 못한다면 누구나 삶의 활력을 잃게 되고 불안과 초조 때문에 머리가 아프고 가슴이 답답하게 됩니다. 그럴 때일수록 변화에 대한 확신을 가지고 느긋하게 기다릴 줄 알아야 합니다. 어떤 상황에서도 내가 원하는 방향으로 바뀔 것이란 확신, 노력한 만큼의 결과가 반드시 있으리란 확신을 가져야 합니다. '기다린다'는 것은 아름답고 슬픈 일입니다. 그것은 하나의 부조리이기도 하지요. 기다림에는 희망과 절망, 권태와 기대, 설렘과 희열이 있는가 하면 어둡고 답답한 환멸이 있기도 합니다.

묵강

지금 이 땅의 젊은이들은 참으로 힘이 듭니다. 선생님 시절처럼 배는 고프지 않습니다. 그러나 오늘의 젊은이들은 그들 부모님 세대처럼 참

담장 기와

고 인내하며 열심히 노력하면 자신의 꿈을 실현할 수 있는 것도 아닙니다. 방황하는 젊은이들을 위해 한 말씀해 주십시오.

아암

"원怨이 쌓이면 난亂을 만들고, 한恨을 승화시키면 문학·예술을 만든다." 『사기史記』에 나오는 말입니다. 사마천司馬遷의 태사공자서에 나오는 다음 글을 보면 이러한 사실을 분명히 알 수 있습니다.

"옛날 서백西伯(周文王)은 유리에 갇혀 있는 동안 『주역周易』을 만들었다. 공자는 진陳 나라에서 곤욕을 당했을 때 『춘추春秋』를 만들었다. 굴원屈原은 초나라에서 추방되자 『이소경離騷經』을 만들었다. 좌구명左丘明은 장님이 되고부터 『국어國語』를 만들었다. 손자는 다리를 잘리고서 『병법兵法』을 만들었다. 여불위呂不韋는 촉나라로 귀양가서 『여람呂覽』을 만들었다. 한비韓非는 진나라에서 사로잡힌 몸으로 『세난說難』, 『고분孤憤』 등의 문장을 만들었다. 『시3백詩三百』도 거의가 현인, 성인들의 발분에 의해 만들어진 것이다. 이렇듯 이 모든 것

은 울굴한 마음의 소치이며, 그 울굴함을 풀길이 없어 과거를 돌이켜보고 미래를 굽어보게 된 것이다."

사마천 자신도 울굴한 마음을 이기지 못해, 자신의 한을 풀 수가 없어 『사기』를 쓰게 되었다는 심정의 고백으로 읽힙니다. 사마천이 47세 때 명장 이릉李陵이 흉노를 정벌하기 위해 출전했다가 오히려 적에게 사로잡혀 항복하는 사건이 생겼지요. 조정은 발끈 뒤집혔고 이릉을 역적으로 몰려는 움직임이 보였습니다. 의리가 강한 사마천은 가만있질 못했습니다. 이릉을 위해 변호했지요. 이릉의 가족은 멸족당하고 사마천은 하옥되어 궁형宮刑(남자의 생식기를 자르는 벌)을 받았습니다.

그는 50세에 출옥하여 이때부터 『사기』 저작을 본격화했습니다. 55세 때 『사기』를 완성했고 그 후에도 계속 보충하다가 56세에 이르러 완전히 절필하였지요. 무제의 미움을 샀기 때문입니다. 그는 무제가 죽은 뒤 2년을 더 살다가 서기전 85년에 62세를 일기로 세상을 떠났습니다. 사마천은 남근男根이 잘린 처량한 몰골로 밀실에 칩거하며 집필을 했습니다. 그는 먹을 갈고 붓끝을 씹으며 종이도 없는 그때 죽편竹片에 새기듯 글자를 써넣어 장장 수만 편에 이르는 『사기』 130권을 완성하였습니다. 최고의 사서이며 공자의 『춘추春秋』와 더불어 중국 고대의 사인私人이 저술한 가장 위대한 불후의 명저를 남긴 사마천, 얼마나 대단한 사람입니까.

오늘 우리 정치 상황을 생각하며 사마천이 『사기』를 집필할 때 염두에 두었을 것 같은 내면세계를 추측해 보는 것은 매우 의미가 있을 것입니다. 사마천은 역사를 움직이는 것은 정치적 인간이라고 파악했을 것입니다. 그러나 그 인간도 결국에는 심리적 인간이란 점에 중점을 두었던 것 같습니다. 맞으면 아프고, 찔리면 피가 나는 연약한 인간이 정치적 인간으로 화化하는 그 의미에 관해 그는 심각한 고민을 했다고 생각합니다. 정치적 인간으로 화함으로써 인간은 피도 눈물도 없는 비정한 존재가 된다는 점을 통찰하며 그는 인간의 역사를 쓰고 싶었을 것입니다.

기성세대는 젊은 세대들을 향하여 고생 안 해보고 굶어보지 않아서 매사에 인내심이 없고 결단력이 없다고 합니다. 젊은 세대들이 부모님 세대를 다 이해할 수는 없고 할 필요도 없습니다. 그렇다고 일부러 극단의 상황을 만들어 고행하듯이 세상을 살아갈 필요도 없어요. 그것은 바람직하지도 않아요. 그러나 동서고금을 막론하고 무엇을 탁월하게 성취한 사람들은 목표 달성을 위해 뼈를 깎는 아픔을 인내하며 처절하게 노력했다는 점은 기억할 필요가 있습니다. 그래서 사마천을 실례로 살펴본 것입니다.

물질적 환경이 풍요로워지면서 우리의 정신력이 다소 약화되었다는 말이 어떤 측면에서는 맞는 말입니다. 그러나 절대빈곤에서 벗어나면서 더 강해진 분야도 있을 것입니다. 이를테면 한류 열풍을 주도하는 젊은이들을 생각해 보세요. 밥걱정 안 해도 되니 좋아하는 분야에 집중하고 몰입할 수 있지 않을까요. 어떤 상황에 있든 사람은 어딘가에 맺힌 데가 있어야 합니다. 살다가 문득 의지가 약해졌다고 생각되면, 역경을 슬기롭게 극복했던 위인들의 전기를 읽어보면 많은 용기와 힘을 얻을 수 있을 것입니다.

묵강

세계사의 시대 구분은 학자와 사관에 따라 다를 수 있습니다. 제 젊은 날 작가 노트에는 다음 글이 있습니다. 이 글은 영문으로 처음 접했습니다. 이 문장만 접해 저자는 모릅니다. 제가 번역하여 간직하고 있습니다.

모든 사람이 모든 것을 다 안다고 생각한 시대가 있었다. 이 시대는 안정의 시대라 할 수 있다. 모든 원시시대가 여기에 속한다. 원시인들은 누구도 종족의 종교와 옛날부터 내려오는 관습의 지혜, 풍작을 보장해 주는 주술적 종교의식 등을 의심하지 않았다. 따라서 기아와 같은 명백한 불행의 요소가 없을 때는 언제나 행복하였다.

누구나 아무것도 모른다고 생각한 시대가 있었다. 이 시대는 서서히 멸망하는 시대였다. 기독교가 전파되기 전 쇠퇴와 타락이 시작된 로마 시대가 여기에 속한다. 당시 로마제국에서는 그들 고유의 종교는 배타성과 힘을 잃고 있었다. 이민족의 종교에 진리의 일면이 있을지도 모른다고 생각하는 사람들이 많아짐에 따라, 그들은 그들 자신의 종교에 허위의 요소가 있을지도 모른다는 회의를 하게 되었다. 야만족 게르만인 같은 사람들이 문명화된 그들 자신이 잃어버린 어떤 미덕을 갖고 있을지도 모른다고 생각하게 되었다. 따라서 모든 사람이 모든 것을 의심했고, 그 의심과 회의는 모든 적극적인 노력을 무력화시켰다.

현명한 사람은 자신이 많이 알고, 어리석은 사람은 자신이 별로 아는 게 없다고 생각한 시대가 있었다. 이 시대는 진보와 발전의 시대였다. 이는 18세기와 19세기 초에 일어난 현상이다. 과학과 과학적 기술은 새로운 것이었고, 그것을 이해하는 사람들은 엄청난 자신감을 느끼게 되었다. 그들이 거둔 성공은 명백하고도 놀라운 것이었다. 이 시기에 중국에서는 황제가 예수회 사람들을 박해하기로 다짐한 적이 있었다. 그러나 황제의 천문학자들은 일식과 월식의 날짜를 맞추지 못했지만, 예수회 수도자들은 정확히 맞추었다. 황제는 이들을 신뢰하고 총애하게 되었다. 영국에서는 과학적 영농기술을 도입한 사람들이 옛날 방식을 고수하는 사람들보다 엄청나게 많은 수확을 하게 되었다. 제조업에서도 증기기관과 기계를 이용한 사람들이 보수주의자들을 물리치게 되었다. 따라서 이 시대에는 교육받은 지성인들에게 믿음과 신뢰를 아낌없이 주었다. 또한 교육을 받지 못한 사람들은 교육받은 지식인들의 가르침에 기꺼이 따르려 했다. 그 결과 엄청난 발전과 진보가 있게 되었다.

어리석은 사람들은 자신이 많이 안다고 생각하고, 현명한 사람들은 자신이 아는 게 별로 없다고 생각하는 시대가 있다. 이는 바로 현대에 일어나고 있는 현상이며 재난의 시대라 할 수 있다. 우리 시대의 지식인들은 18세기, 19세기와는 정반대의 입장을 취하고 있다. 과학자들은 과학이 무엇을 할 수 있을까 회의하며, 일부 경제학자들은 기존의 학설들이 세상을 더욱 나쁘게 하여 사람들을 가난하게 한다고 생각한다. 정치가들은 국제적인 협력 방안이나 전쟁 억제책을 찾아내지 못하고 있으며, 철학자들은 인류에게 삶의 지침을 내놓지 못하고 있다. 확고한 견해를 가진 사람들이란 그들 자신이 너무나 어리석어 자신의 견해가 터무니없는 것이라는 사실조차 깨닫지 못하는 사람들이다. 따라서 세상은 어리석은

자들에 의해 통치되고 있으며, 지식인은 아무 대안도 내놓지 못하고 있다.

이런 상태가 계속된다면, 세계는 더욱더 불행에 빠지게 될 것이다. 지식인들의 이와 같은 회의적인 태도는 무력감의 원인임과 아울러 그들 자신의 나태함의 결과이기도 하다. 할 만한 가치 있는 일이 없다고 할지라도 지식인이 가만히 앉아있는 행위가 정당화될 수는 없다. 재난이 도처에 도사리고 있는 이 시대에 지식인은 모든 것에 대한 회의적, 냉소적, 현학적인 자세를 버리고, 세계가 처한 상황에 책임감을 느껴야 한다.

공부하는 자세, 과학과 철학, 실용적 가치와 인문적 소양 등에 대해 많은 생각을 하게 한 글이었습니다.

아암

묵강 말을 들으니 이런 말을 해 주고 싶네요. 젊은 시절은 지적인 문제에 자신감을 가져야 합니다. 자신의 힘으로 모든 것을 다 알 수 있고, 꿈꾸는 바를 다 이룰 수 있다고 생각해도 상관없습니다. 오만에 가까운 자신감이 필요합니다. 세월과 더불어 사람은 겸손해지지 않을 수 없기 때문이지요. 어린 벼는 뿌리로부터는 온갖 자양분을 흡수하면서도 머리는 꼿꼿하게 세우고 하늘의 태양을 정면으로 응시해야 합니다. 그래야만 가을날 속이 꽉 찬 결실을 기대할 수 있습니다. 이 시대의 지적인 회의론에 섣불리 휩싸이지 말고 자신 있게 자기 일을 해 나가야 합니다. 어린 시절 고개 숙인 벼는 결코 알찬 결실을 기대할 수 없기 때문이시요.

현대과학이 수많은 사람을 기아에서 해방하고 풍요로운 물질문명의 혜택을 누리게 했지만, 철학, 정치학, 경제학, 사회학 등에 기반한 인문학적 소양을 경시해서는 안 됩니다. 행복이란 무엇인가? 인간의 임무는 무엇인가? 어떤 정부 형태가 가장 정의로운가? 사회의 공동선이란? 인간은 어떤 자유를 누려야 하는가? 이런 질문을 포함하여 옳고 그름, 선과 악과 같은 질문들에 과학은 우리에게 과거에도 그랬고 앞으로도 여전히 명료한 답을 주지 못할 것입니다. 이런 질문에 답을 얻을 수 없다면, 우리 인간은 나침반도 방향타도 없는 세계에서 표류하게 될 것입니다. 개인이나 국가가 큰 힘을 발휘할 수 없던 과거에는 우리는 크게 위험하지 않았습니다. 그러나 엄청난 파괴력을 가진 위험 요인들이 한순간 작동할 수 있는 오늘에는 실수로 방향을 잘못 잡게 되면 파국도 한순간에 오는 것 아닌가요.

우리에게 옳은 것과 그른 것의 차이를 가르쳐 주고, 우리의 본성에 맞는 선으로 이끌어 줄 수 있는 것은 과학이 아니라 철학입니다. 과학의 생산적 유용성이 사물의 움직임을 정확하게 묘사하는 데서 나오듯이, 철학의 도덕적 유용성은 과학이 연구하는 현상의 저변에 있는 그 궁극적인 본질을 깊게 이해하는 데서 나옵니다. 따라서 과학적 지식과 철학적 지식은 둘 다 꼭 필요한 것이지요. 어느 한쪽이 답할 수 없는 것을 다른 쪽이 답할 수 있기 때문이지요. 철학과 과학은 서로 배척하는 관계가 아닌 상호보완적입니다.

현대 사회에서 과학의 힘은 대단하지요. 그러나 인간의 삶은 과학만으로 모든 것이 해결되는 것이 아닙니다. 우리에겐 철학과 예술이 필요합니다. 현재 우리 사회의 분위기는 좀 지나친 표현이 될지 모르지만, 인문 사회과학을 말살 내지 고사枯死시키는 쪽으로 가고 있지 않나 하는 생각이 듭니다. 문과라서 죄송하다는 '문송'이란 유행어가 만들어지는 상황이 걱정스럽기도 합니다. 자연과학이 대세라는 점은 틀림없어요. 그럴수록 최선의 직업 교육은 인문학이란 사실을 생각해 볼 필요가 있습니다. 급변하는 사회에 능동적으로 대처하고 창의력을 발휘할 수 있는 능력은 과학적 지식에 인문학적 소양이 곁들여져야 한다는 사실을 기억해야 합니다.

묵강

독서에 관한 조언을 좀 해 주십시오. 우리는 왜 책을 읽어야 하며 또 어떻게 읽어야 합니까?

아암

독서란 즐거워야 합니다. 물론 시험에 합격하고 정보를 얻기 위해 우리가 읽어야 하는 많은 책이 있어요. 그러나 그런 책으로부터 즐거움을 끌어내기란 불가능합니다. 우리는 단지 지식을 얻기 위해 그런 책을 읽지 않는가요. 지식을 얻기 위한 필요성이 지루함을 극복하게 해 주기만을 간절히 바랄 따름이지요. 우리는 그런 책을 즐겁게 읽기보다는 체념하고 읽지요. 그런 독서는 내가 염두에 두고 있는 것이 아닙니다. 내가 말하고자 하는 책은 독자가 학위를 따는 데 도움을 준다거나, 생계 수단을 제공해 주는 그런 것이 아닙니다. 내가 말하고자 하는 책은 독자에게 더욱 충만한 삶을 살 수 있게 도와주는 것들입니다. 어떤 책도 독자가 재미있게 읽을 수 없다면 아무 소용이 없습니다. 모든 사람은 자기 자신이 읽는 책을 판단할 수 있는 최고의 비평가라고 할 수 있습니다. 학식 있는 사람들이 아무리 한목소리로 어떤 책에 찬사를 보내더라도, 독자 자신이 그 책에서 흥미를 느끼지 못한다면 아무 소용이 없어요. 우리의 비평사는 유명한 평론가들이 저질러 놓은 실수와 오류로 가득하다는 사실을 기억해야 합니다. 책을 읽고 있는 독자 자신이 궁극적으로 그 책의 가치를 평가하는 것입니다.

우리는 누구도 서로 똑같지 않고 다만 비슷할 뿐입니다. 따라서 나에게 많은 의미를 가지는 책이 너에게도 정확하게 똑같이 많은 의미를 가져야 한다고 생각하는 것은 잘못입니다. 걸작이란 그 책을 읽었기 때문에 내 삶이 더 풍요로워졌다고 느낄 수 있는 책이며, 내가 그 책을 읽지 않았더라면 현재의 내가 될 수 없었으리라 생각되는 책입니다. 어떤 책을 읽기 시작해서 진도가 척척 나가지 않으면 그 책 읽기를 그만두라고 말하고 싶습니다. 남들이 아무리 좋다고 해도 내게 소용이 없으면 가치가 없는 것이지요. 즐거움이 비도덕적이라고는 생각하지 마세요. 즐거움 그 자체는 좋은 것입니다. 즐거움이라는 것이 상스럽거나 관능적인 것에만 있는 것은 아닙니다. 그러나 즐거움 가운데는 지각 있는 사람들이 피하고 싶어 하는 것도 있다는 사실을 명심해야 합니다. 지적 즐거움이 가장 만족스럽고 가장 지속적이라는 사실을 깨달은 사람은 현명하다고 할 수 있습니다. 우리는 독서하는 좋은 습관을 배양하도록 노력해야 합니다.

젊은 날의 독서란 저수지에 물을 가두는 것과 같습니다. 장마철에는 이 골, 저 골에서 많은 물이 흘러 들어와야 합니다. 흙탕물이라도 상관없어요. 세월과 더불어 정화되기 때문입니다. 여름날에 가득 채워 놓으면, 가을이 되면 스스로 깨끗해져서 맑은 물이 됩니다. 이때 수로를 따라 나오는 물은 여름날의 그 흙탕물이 아니지요. 그 호수만이 가지는 독특한 향기와 깊이를 가지는 물이 됩니다. 젊은 날 많은 책을 읽어두면 그 내용은 세월이 흐르면서 독특한 나의 것으로 바뀌게 됩니다. 그때 나의 입이나 글을 통해 표현되는 내용은 나만의 개성과 깊이를 간직하는 것이 됩니다.

묵강

말씀 잘 새기겠습니다. 여기서 또 우리가 생각해 봐야 하는 것이 있습니다. 오늘의 영상 매체는 시각과 청각에 직접 호소하며 모든 것을 생동감 있게 전달하기 때문에 거부하기 어려운 매력을 가지고 있습니다. 영상 매체는 모든 것을 속전속결로 해결해 주기 때문에 사람을 지루하게 하지 않는 장점도 가지고 있습니다. 여기에 익숙한 아이들은 무엇을 진득하게 기다리지 못합니다. 요즘 아이들은 눈과 머리와 몸을 긴장하게 하는 긴 글 읽기를 견디지 못합니다. 이들은 독서 대신 컴퓨터를 검색합니다. 이들은 쉴 새 없이 검색하며 권태로움을 해소하며, 대부분 정보는 취사선택의 과정 없이 일회용으로 소비한 후 그냥 배설해 버립니다.

많은 학자가 "영상 매체에 길들면 상상력이 고갈되고 창의력이 급격히 저하된다"고 말합니다. 이제 우리 사회는 영상매체가 활자매체를 압도하는 정도가 너무 지나쳐서 그 역기능을 더 이상 방치할 수가 없는 지경에 이르게 되었습니다. 고전 작품을 인내하며 읽고, 명시를 음미하며 암송하는 행위 등 활자매체를 이용한 지적인 훈련을 통해서 지고한 정신의 희열을 경험하게 해야 합니다. 독서와 글쓰기는 상상력과 사고력의 지적 근육을 강화해 준다고 생각합니다. 한 편의 완결된 글을 써 본 사람은 글을 쓰는 행위가 왜 뼈를 깎는 아픔이고, 그 고통 끝에 나온 작품이 왜 무엇과도 바꿀 수 없는 성취감을 주는지를 압니다. 한 편의 글을 완성하기 위해 제기된 문제와 수많은 정반합正反合의 내적 투쟁을 벌이며, 치열하게 변증법적인 지양止揚의 과정을 거쳐 본 사람만이 찬란한 정신의 성숙에 이를 수 있다고 생각합니다.

세계 어디에서나 TV와 인터넷을 즐기는 학생의 성적이 좋지 않다는 조사 결과가 많이 나옵니다. 프랑스 지식인들이 왜 전국적인 초고속 인터넷을 반대했는지도 생각해 봅니다. 제4차 산업혁명이 급속하게 진행되는 미래 사회에서는 상상력과 직관력, 창의력을 가진 사람이 최후의 승자가 될 수 있습니다. 이런 능력을 배양할 수 있는 최고의 방법은 책 읽기와 글쓰기를 생활화하는 것입니다.

아암

핵심을 잘 지적하고 있네요. 묵강 말처럼 책 읽기의 종착점은 글쓰기입니다. 글을 써야 자기 생각이 더욱 구체적으로 일목요연하게 정리됩니다. 생산 없는 독서는 궁극에는 허망하지요. 특히 젊은 날은 좋은 시를 읽고 암기하라고 말하고 싶습니다. 시는 창의력 배양을 위한 가장 강력한 수단이 될 수 있습니다. 이 대청마루에 걸려있는 시판을 보세요.

묵강

이 정자에는 시판이 가득합니다. 정자는 시 창작을 위한 공간이라고도 말할 수 있습니다. 이 자리에서 동서양의 시에 대한 관점을 생각해보지 않을 수 없습니다. 시는 문학의 정수입니다. 시는 메타포metaphor(은유)의 문학입니다. 영화『죽은 시인의 사회』에 나오는 고교는 아이비리그 진학률 70% 이상을 자랑하는 입시사관학교입니다. 1950년대의 그 학교 이야기가 오늘 우리에게 그대로 적용됩니다. 아버지가 아들에게 강요하는 "넌 하버드에 들어가서 의사가 되어야 해, 의대를 졸업하게 되면 그땐 네 마음대로 해"와 같은 대사는 "명문대만 입학하면 모든 것 네 멋대로 해라"라고 말하는 우리 부모들을 떠올리게 합니다. 이런 학교에 발을 디딘 신임 교사 존 키팅은 첫 수업 시간에 학생들을 향해 '현재를 즐겨라Carpe Diem'라고 가르칩니다. 그는 책상 위에 올라가서 "내가 왜 이 위에 섰을까? 이 위에서는 세상이 무척 다르게 보이지. 잘 알고 있는 것이라도 다른 시각에서 보아라. 틀리거나 바보 같아도 반드시 해 보라"고 가르칩니다. 그는 학생들에게 "말과 언어는 세상을 바꿔놓을 수 있다. 시가 아름다워서 읽고 쓰는 것이 아니고, 우리가 인류의 일원이기 때문에 읽고 쓴다"라고 말합니다. 그는 "시와 미, 낭만, 사랑은 삶의 목적이다"라고 강조합니다. 이 대사 역시 오늘과 내일의 우리에게 그대로 적용된다고 생각합니다.

은유는 모든 창조적 사고와 생각의 도구입니다. 은유가 없다면 인간의 모든 예술과 학문은 거의 불가능합니다. G. 레이코프와 M. 존슨은 『삶으로서의 은유』에서 "은유 없이 직접적으로 이해되는 개념이 하나라도 있는가"라고 묻습니다. 아리스토텔레스는 "은유에 능하다는 것은 천재만이 가질 수 있는 정신적 특성"이라고 말했습니다. 진리와 사물의 본성은 은유라는 옷을 입고 나서야 우리에게 파악됩니다. 『생각의 시대』를 쓴 인문학자 김용규는 "은유는 유사성을 통해 '보편성'을, 비유사성을 통해 '창의성'을 드러내는 천재적인 생각의 도구다"라고 설명합니다. 이 시대가 요구하는 감성, 창의력, 상상력 등을 배양하기 위해서는 시를 읽고 쓰는 것보다 더 좋은 방법은 없습니다. 조만간 맞이하게 될 노동 없는 시대 또는 노동 시간이 획기적으로 단축되는 시대에 의미 있고, 가치 있고, 재미있고, 창조적인 삶을 살길 원한다면 청소년기에, 아니 인생의 어느 시기든 상관없이 반드시 시를 읽고 쓰는 훈련을 해야 합니다.

영벽정과 같은 한국의 정자는 젊은이들의 정서 순화와 시심을 위해 살아있는 공간으로 활용돼야 한다고 생각합니다.

아암

시를 암기하고 시를 짓는 마음을 귀하게 여기는 풍토가 조성돼야 합니다. 이를 위해서는 교육이 바로 서야 한다고 생각합니다.

묵강

칼릴 지브란은 "시는 마음속의 불꽃이고, 수사학은 눈송이다. 불길과 눈이 어떻게 하나가 될 수 있겠는가"라고 말했습니다. 장황한 말의 수사로 시를 완전히 설명할 수 없다는 말이지요. 시는 번갯불의 섬광이고, 영혼의 비밀이고, 단숨에 전체를 꿰뚫어 보는 것이기 때문에 어설픈 수사로는 시의 부분밖에 이해할 수 없다는 것입니다. 그래도 우리는 시를 해설하고 분석합니다. 그런 작업이 시가 담고 있는 미처 알지 못한 부분들을 밝혀 줄 수 있으리란 희망 때문입니다.

모든 예술은 일차적으로 직관적, 정서적, 주관적으로 수용하는 것이 바람직하다고 생각합니다. 지나친 지적·논리적 접근은 작품이 가지는 예술적 생동감을 훼손할 수 있기 때문입니다. 루소는 "아동기에는 '감성 교육', 그 이후 소년기, 청년기까지는 '이성 교육'에 중점을 둬야 한다"고 말했습니다. 감성과 이성은 상호 배타적인 관계가 아니라 선후의 문제지요. 감성은 이성의 발달에 전제되는 기초이고, 이성은 감성의 성숙 단계이기 때문에 둘은 필연적인 협력관계에 있습니다. 교사는 학생에게 지식을 주입하기보다는 지적 호기심을 자극하여 진리 추구의 방법을 스스로 찾을 수 있도록 도와주는 것이 바람직합니다. 루소는 틀에 박힌 교육을 거부하고 개인의 잠재력과 개성을 그 무엇보다도 강조했습니다.

아암

청소년기에는 차가운 이성과 논리보다는 섬세한 감성과 뜨거운 감동, 온몸을 전율하게 하는 도취의 경험이 중요합니다. 독서의 즐거움과 작품 읽기를 통해 감동을 맛보지 못한 아이들에게 딱딱한 논리와 형식적인 글쓰기를 가르치는 것은 옳지 않습니다. 가능성의 총체인 아이들에게 편협한 편 가르기와 흑백논리, 일방적인 가치관을 주입하면 그들을 정서적인 불구자로 만들 수 있습니다. 가슴 뭉클한 감동과 도취를 경험하지 않으면 그 어떤 합리성과 논리의 추구도 결국에는 피로와 권태로 이어지기 쉽습니다. 감동과 감성은 논리나 이성보다 깊고 긴 여운을 남깁니다.

묵강

영벽정에서 강물을 바라보니 사랑에 관한 이야기도 하지 않을 수 없습니다. 저는 젊은 날

20세기 최고의 명상가라고 하는 미국 트라피스트 수도회 소속 토마스 머튼의 사랑 이야기에 깊은 인상을 받았습니다. 그는 이렇게 이야기합니다.

> 우리는 마치 사랑이 작은 연못이나 호수, 강, 바다에 있는 물과 같은 것이기나 한 것처럼 '사랑에 빠진다fall in love with'라는 표현을 쓴다. 우리는 사랑에 '빠질' 수도 있고, 그것 주위에 맴돌 수도 있다. 우리는 그 위를 항해하거나, 그 안에서 수영하거나, 안전한 거리에서 그것을 바라볼 수도 있다. '사랑에 빠진다fall in love with'는 영어에만 있는 특이한 표현이다. 무엇인가에 '빠진다'라고 말하는 것은 우리 자신의 의지에 책임을 돌리지 않고 중력과 같은 우주적 힘의 탓으로 돌리는 것이다. 우리가 제어할 수 없는 힘에 이끌려갈 때 우리는 '빠지게' 된다. 일단 시작되면 멈출 수가 없다. 우리가 어디로 떨어질지 모른다. 우리는 '혼수상태에 빠진다'라거나 '구렁텅이에 빠진다'라는 표현을 쓴다. 영어에서 말하는 'fall in love with'는 운명적으로 예기치 않은 재난을 암시한다. '사랑에 빠진다'는 표현은 사랑과 인생 자체에 대한 특이한 태도를 나타낸다. 그것은 두려움, 경외, 매혹, 혼란 등의 복합체이다. 그것은 피할 수 없는 그러나 전적으로 신뢰할 만한 것은 아닌 무엇 앞에서 의심, 의혹, 망설임을 의미한다. 사랑은 평범한 일상사를 뒤집어 놓는다. 사랑을 하게 되면 상상력이 풍부해지며, 상처를 입기 쉽고, 바보같이 되어 버린다. 먹고, 자고, 돈을 벌고, 즐기는 것만으로 더 이상 만족하지 않고 이제는 이성보다 더 강하고, 사업이니 공부보다 너 중대하다고 생각되는 사랑의 힘에 자신을 맡겨야 한다. 따라서 차갑고 냉정한 성격을 가진 사람이라면 사랑에 빠지지 않으려 애쓸 것이다. 그러나 사랑의 문제는 피할 수 없는 것이다. 우리가 그것에 흥미가 있다고 주장하든 안 하든, 우리는 사랑에 관심을 두지 않을 수 없다. 사랑은 우리에게 우연히 일어나는 것이 아니기 때문이다. 사랑은 삶의 강렬함, 완전성, 충만함, 전체성이다.
>
> 인간은 다른 사람과의 만남, 반응, 영靈적 교류 속에서 자신을 초월한다. 우리가 세상에 태어난 것은 다름 아닌 이러한 영적 교류와 자기 초월을 위한 것이다. 우리는 사랑 안에

서 서로에게 자기 자신을 내어줄 때까지는 완전한 인간이 되었다고 할 수 없다. 그리고 이것은 성적性的인 충족에만 한정되어서는 안 된다. 그것은 사랑의 모든 것을 포함한다. 즉, 자기를 주고 함께 나누고, 창조하고 서로 아껴주고, 영적으로 관심을 가질 수 있는 능력을 포함하는 것이다. 사랑은 우리의 참된 운명이다. 우리는 우리 자신만으로는 인생의 의미를 찾아내지 못한다. 다른 사람과 함께 한 것이라야만 그것을 찾을 수 있다. 우리는 우리 자신의 고독한 명상에 의한 연구와 숙고만으로는 삶의 비밀을 발견하지 못한다. 삶의 의미는 사랑에 의해서 사랑 안에서 비로소 드러나게 되는 것이다."

토마스 머튼의 사랑에 관한 통찰은 우리에게 많은 것을 생각하게 합니다. 특히 "'fall in love with'가 숙명적으로 어떤 재난을 암시한다"는 해석은 주목할 만합니다. 그러나 "사랑은 피할 수 없고, 또한 사랑 없이는 생의 신비도 밝혀지지 않고 의미도 없다"는 말은 우리가 많은 것을 생각하게 합니다. 어느 날 강물을 바라보다가 '물에 빠진다'라는 말이 떠올랐고 토마스 머튼의 말이 생각났습니다.

아암

이분은 아주 탁월한 사색가입니다. 청소년기에는 사랑에 눈뜨고, 사랑의 체험을 갈구하고 또한 그것 때문에 고뇌하며 괴로워하지요. 통속적이고 세속적인 남녀 간의 사랑 문제도 중요하고 절실하겠지만, 젊은 시절에 좀 더 깊이 있고 진지한 사랑에 대해 고민도 동시에 해 보아야 합니다. 사랑은 여러 종류가 있고 그 적절한 시기와 단계가 있습니다. 사랑의 감정은 창조적 에너지 아닌가요. 그 에너지는 어느 방향으로든 사용할 수 있습니다. '사랑하면 마음이 기쁜 가운데 괴롭고, 사랑하지 않으면 마음이 편안한 가운데 고독하다'란 말이 있지요. 인생의 어느 시점에서 열정적인 사랑을 할 기회는 누구에게나 옵니다. 사랑하는 사람을 위해 앞뒤 재보지 않고 몸과 마음을 던질 수 있는 것도 가치 있고 멋있는 일 아닌가요. 낭만적이고 아름다운 사랑을 위해 다른 모든 가치를 희생시킬 수도 있겠지요. 다 이해할 수 있고 용인할 수 있는 행동입니다. 그러나 주기적으로 홀로 머물며 조용히 사색하는 시간을 가질 필요가 있습니다. 위대한 창조와 성취는 고독의 산물이기도 합니다. 젊은 시절 우리는 단일한 목표를 향해 일정 기간 극도로 단순해질 필요가 있습니다.

묵강

선생님께서는 집안을 엄격히 다스렸고 효성이 지극하셨다는 기록을 읽었습니다. 형제간의 우애가 각별하신 것으로 알고 있습니다. 여기 하남으로 오셔서도 한양에 오가며 형제간의 우애를 나누었습니다. 형이 일찍 세상을 떠나자 청상과부인 형수를 지극히 모시며 보호했고 조카들을 친자식 이상으로 돌보며 가르쳤다고 하십니다. 오늘의 의미에서 효를 좀 말씀해 주십시오.

아암

예나 지금이나 효의 근본은 달라지지 않았다고 봅니다. 나 자신이 부모의 몸과 마음을 통해 이 땅에 오게 되었고 부모의 돌봄과 가르침에 의해 오늘의 위치에 이르게 되지 않았나요. 나를 있게 한 근본을 존중하고 귀하게 모시는 것은 지극히 당연한 일입니다. 유교에서는 효를 보편적 도덕의 원리로 인간 세상에서 가장 중요하고 기본적인 덕목으로 간주했습니다. 공자님은 "효라는 것은 인간의 모든 덕성의 근본으로, 부모를 섬기는 것에서 시작해 임금을 섬기는 것으로 진행되다가 결국은 자기 몸을 반듯하게 세우는 것으로 완성된다"고 했습니다. 삼국시대부터 효에 관한 기록이 있었네요. 자신의 넓적다리 살을 베어 아픈 어머니를 공양했던 효자 '향덕 설화', 자신을 몸종으로 팔아 홀어머니를 모시려 했던 효녀 '지은 설화' 등이 있었습니다.

불교가 지배 윤리였던 고려 시대에도 효 사상은 이어져 왔습니다. 조선시대는 삼강행실도, 오륜행실도 등을 통해 효도의 기강을 바로잡고자 했습니다. 효 사상은 시대에 따라 변하기도 했습니다. 율곡 이이와 퇴계 이황이 효 사상을 중요시하고 체계화했지만, 후대 실학자인 다산 정약용은 상식에서 벗어난 효행 이야기를 철저히 비판했습니다. 조선 후기 개항기 무렵에는 천주교와 서양 철학 사상의 영향으로 전통적인 유교 문화와 효 사상은 조금씩 관점을 달리하기 시작했습니다. 이후 '자식이 어버이를 봉양하는 물질적·정신적 효'와 '부모 세대와 젊은 세대가 서로 조화와 화해를 추구하는 효'가 동시에 추구되는 흐름이 지속되고 있지 않은가요. 지금은 과거에 비해 많이 약해졌지만 효는 여전히 우리 사회에서 중요한 덕목이자 주요 키워드 중 하나입니다. 어느 시대 어느 나라를 막론하고 부모 형제와의 좋은 관계는 인간으로서 행복의 원천입니다. 과거의 형식에 얽매이지 말고 어떻게 하면 부모 자식이 서로 행복할 수 있을까를 생각해야 하겠지요.

나는 효에서도 '같이 또 따로'의 조화가 필요하다고 생각합니다. 특히 부모의 역할을 강조하고 싶어요. 먹여주고, 입혀주고, 학교에 보내는 것만이 자녀에 대한 사랑의 표현은 아닙니다. 한 가정의 가풍, 부모가 가지는 건전한 철학이 중요한 것이지요. 나는 바람직한 효 사상을 확립하기 위해서는 부모 세대가 먼저 달라져야 한다고 생각합니다.

묵강

지금 대한민국은 역사상 가장 왕성하게 문화적 영향력을 전 세계에 발휘하고 있습니다. 소위 말하는 한류열풍이 거셉니다. 한류는 굉장히 역동적이고 다이내믹합니다. K팝뿐만 아니라 드라마, 영화, 게임 등 거의 모든 영역에서 세계를 휘어잡고 있습니다. 서양인의 전유물이었던 클래식 음악에서도 단연 두각을 나타내고 있습니다. 피아노, 바이올린, 젤로, '성악 등 전 종목에서 세계 최고의 콩쿠르를 평정하고 있습니다.

한류의 힘은 무속적 상상력에서 나온다고 김상환 교수는 지적했습니다. 무속적 상상력의 특징은 감성적 충동과 즉흥성에 있다고 말합니다. 한류에서는 형식적 균형을 깨는 파격, 비대칭을 낳는 역동적 흐름이 관건입니다. 한국적 역동성 일반의 기원에 있는 무속은 과거와 현재, 미래의 한국문화에 대해 귀중한 영감과 해석의 원천이라는 지적에 공감합니다.

BTS가 춤추는 모습에서 볼 수 있는 무속적 역동성은 단순히 질서가 있는 것도 없는 것도 아닙니다. 여기에 있는 것은 어떤 무질서의 질서, 비형식의 형식입니다. 여러 가지로 미루어 볼 때 한류는 어느 날 갑자기 이루어진 것이 아니라고 봅니다. 과거와 현재를 종합해 볼 때 선생님은 어떤 생각을 하시는지요.

아암

문화 · 예술에서 기교나 기술은 매우 중요합니다. 그러나 기술이나 기능이라는 것도 궁극에는 사람을 위한 것입니다. 인간의 마음은 기술이나 기교만으로는 만족하지 못합니다. 가장 중요한 요소는 감동입니다. 몸을 적시고 마음을 적셔주어야 합니다.

먼저 체육 분야에서 김연아를 보세요. 김연아는 모두가 인정하는 천재지요. 만 12세 전에 다섯 가지 트리플 점프를 다 완성한 신동 아닌가요. 그러나 맞수인 아사다 마오가 기술적인 면에서는 더 앞섰다고 할 수 있지요. 트리플 악셀(3.5회전)은 마오만 할 수 있었으니까요, 그러나 마오는 연아를 이길 수 없어요. 사람의 마음을 움직이는 것이 감동인데, 감동을 주는 미묘하고 섬세한 디테일에서 연아를 이길 수가 없었던 것이지요.

서양악기는 매우 섬세한 감정을 잘 표현할 수 있습니다. 연주 기술이나 기교는 누구나 성실성과 손기술로 해결할 수 있습니다. 결정적인 것은 감동을 줄 수 있는 섬세한 감성의 표현입니다. 이 지점에서 우리가 결정적인 순간에 앞서는 것이지요. 우리는 뚜렷한 사계절, 끊임없는 외세의 침공, 주변 강대국의 위협을 느끼면서 살았습니다. 늘 긴장해야 하지만 위기에 대처하면서도 현실을 즐길 줄 아는 지혜를 가졌고, 그런 것들이 쌓여 역동적이면서도 깊이 있는 문학 · 예술을 생산할 수 있었던 것이지요.

묵강

대화를 나누면서 거듭 한국의 정자 문화에 대해 많은 생각을 하게 됩니다.

아암

『장자』의 소요유逍遙遊 글자를 하나씩 뜯어보세요. 문자 그대로 멀리 소풍가서 논다는 뜻이지요. 정자가 바로 그런 목적을 충족시켜주는 공간이라 할 수 있습니다. 우리의 삶은 소풍입니다. 앞만 보고 목표를 향해 쉴 새 없이 달리다 보면 일과 인간관계 등에서 무리하게 되고, 운이 나쁘면 사화士禍 등에 연루되게 됩니다. 장자는 사람이 태어나 진정한 자유를 얻기 위해서는 '무기無己(아집이 없음)', '무공無功(업적이나 성과에 대한 욕심이 없음)', '무명無名(명예에 대한 욕심이 없음)'의 경지에 도달해야 한다고 말했습니다. 사람은 자신을 잊어야 각종 의혹과 걱정에서 벗어날 수 있습니다. 업적이나 성과, 명예에 지나치게 욕심을 가지면 구속을 당하게 됩니다. 지식과 욕망의 질곡에서 벗어나야 자유로운 경지에 이르게 됩니다. 내가 중앙정치와 한양을 포기하고 내려온 이유도 여기에 있다고 할 수 있습니다. 힘들고 숨 막히지만, 주기적으로 자연을 찾아 소풍을 가야 합니다.

한국의 정자는 휴식과 만남, 일탈의 장소이면서 창조와 생성의 공간이라는 걸 후학들이 알면 좋겠네요.

묵강

산과 들, 강과 바다를 찾아 멍하게 풍경을 바라보기도 하고, 밤하늘의 달과 별, 은하수를 바라보며 우리는 우주의 경이를 경험하게 됩니다. 자연이라는 위대한 책은 우리의 눈을 피곤하게 하지 않고 두뇌의 혹사도 요구하지 않습니다. 사랑하는 마음을 가지고 찾기만 하면 자연은 자신의 모든 내용물을 우리의 의식 무의식 속으로 아낌없이 전달해 주어 우리의 정서를 풍부하게 해줍니다. 자연의 품에 안기면 가난과 불행도 잊게 되고 자신도 모르게 흥에 겨워 생명의 합창에 동참하게 됩니다. 한국의 정자는 그런 의미에서 소중한 가치를 가진다고 할 수 있겠지요.

아암

금수강산 곳곳에 수많은 누각과 정자가 있습니다. 나는 나이 든 사람뿐만 아니라 특히 젊은 사람들이 이곳을 찾아 멋진 풍경 속에서 휴식을 취하며, 오늘과 내일을 위한 창조적 영감을 얻으면 좋겠습니다.

묵강

방탄소년단 BTS의 활약이 대단합니다. 정말 흐뭇하실 것 같습니다. 이들이 선생님께 조언을 구하면 어떤 말씀을 해 주고 싶은지요?

아암

이쯤 되면 내가 무슨 말을 하리라 예상할 수 있을 것입니다. 앞서 묵강이 한류의 역동성은 비합리적 충동과 광신적 맹목으로 빠져들기 쉽다고 지적하지 않았나요. 무속적 상상력이 통제 불가능한 광기로 번져갈 가능성, 이 끔찍한 위험성이 과거 한국문화의 진보와 좌절을 모두 설명하는 출발점이 될 수 있다는 지적에 동의합니다. 우린 너무 열정적이고 때로 과격하고 극단적입니다. 대중의 심성 밑바닥에 들끓고 있는 정념과 통제하기 힘든 충동을 다스리기 위해서는 그만큼 강력한 형식주의 이데올로기가 필요했을 것입니다.

언제든지 광기를 띨 수 있는 이 심리적 에너지를 다스리고 공공적 질서를 유지하기 위한 방책으로 유교 경전을 절대화하지 않았나 싶기도 합니다. 그러다 보니 중국보다 더 유교를 숭상했다는 지적도 나오는 것입니다. 많은 종교에서 침묵과 명상은 대단히 중요합니다. 특히 힌두교와 불교에서 그렇지요. 명상의 기술과 내적 침묵의 수련은 이들 종교에서 가장 핵심적인 것입니다. 말로 떠드는 것보다는 침묵 속에서 인간의 영혼은 깨어나고 실존이 확인되기 때문입니다. 존재의 뿌리에 도달하기 위해 우리는 때로 고독해야 합니다. 고독과 침묵 속에서만 사람은 자신의 근본인 뿌리를 키울 수 있습니다.

내일의 희망인 우리 청소년들은 막말과 빈말, 악담과 저주가 일상화된 시대에 침묵의 지혜를 터득해야 합니다. 깊은 사고와 내적 고요가 없는 시끄러운 말의 성찬은 일시적으로는 생산적으로 보일지 모르지만, 그것은 망상과 회의에 빠지는 길이기도 합니다. 인간은 침묵의 사색 속에서 궁극적인 진리의 빛을 보게 됩니다. 나는 젊은이들이 이곳에 와서 침묵하며 고요히 머물다 가라고 권하고 싶습니다.

여러 가지를 고려해 볼 때, 나는 오늘의 한류 스타들이 주기적으로 산사山寺나 정자, 고택故宅을 찾아 '템플 스테이'나 '정자 스테이', '고택 스테이'를 해보라고 권하고 싶습니다. 정중동靜中動(고요한 가운데 어떤 움직임)과 동중정動中靜(열정적 움직임 속에 고요함)이 균형을 이룰 필요가 있습니다. 다양한 요소들이 상호 긴장과 조화를 유지할 때 한류는 철학적 깊이를 더하게 될 것이고, 공감과 감동을 줄 수 있는 콘텐츠를 지속적으로 생산할 수 있을 것입니다.

묵강

앞으로 많은 사람이 영벽정을 찾아올 것입니다. 마지막으로 젊은이들에게 한 말씀 주십시오.

아암

『중용』에 '군자지도君子之道는 비여행원필자이辟如行遠必自邇하며 비여등고필자비辟如登高必自卑'라는 말이 나옵니다. 멀리 가려면 반드시 가까운 곳에서부터 걸음을 시작해야 하고, 높이 올라가려면 반드시 낮은 곳에서 시작해야 한다는 뜻입니다. 천릿길도 한걸음부터라는 말을 기억해야 합니다. 조급한 마음을 가지지 말고 차근차근 한발 한발 나아가다 보면 원하는 지점에 이르게 됩니다. 앞만 보고 허둥대지 말고 주변 경관도 감상하며 여유를 가지고 과정을 즐기는 삶을 살아가라고 말하고 싶습니다. 인류 역사상 절망적이지 않은 시대가 있었던가요. 어떤 처지에 있더라도 꿈을 꾸고, 그 꿈의 실현을 위해 노력하는 사람이 되길 바랍니다.

묵강

선생님의 말씀을 들으며 이런저런 말들을 떠올려 봅니다. "인간은 꿈에 의해서 즉, 그 꿈의 짙은 농도, 상관관계, 다양함에 의해서, 또는 인간의 본성과 자연환경마저도 변화시키려는 꿈의 놀라운 효과에 의해서 다른 모든 것과 대립 관계를 갖고, 다른 모든 것보다 우위에 서 있는 야릇한 생물, 고립된 동물이다. 인간은 지칠 줄 모르고 그 꿈을 좇으려고 하는 존재다"라고 P. 발레리는 말했습니다. 태초부터 인류가 무수한 어려움에 직면해서 그것을 슬기롭게 극복하고, 찬란한 문화를 꽃피울 수 있었던 이유는 바로 역경의 순간에도 꿈을 꿀 수 있었기 때문입니다. 꿈은 인간의 내면에서 무한한 에너지가 용솟음치게 해 줍니다. 우리가 알고 있는 모든 활동적인 사람들은 꿈을 좇는 사람들입니다.

꿈은 목적을 고귀하게 만들고 오늘의 어려움을 즐거운 마음으로 견딜 수 있게 해 줍니다. 그러나 그 꿈은 현실에 뿌리를 두어야 합니다. 린위탕林語堂은 "중국인은 한쪽 눈을 뜬 채 꿈을 꾼다"라고 했습니다. 감은 눈으로는 미래를 꿈꾸고 뜬 눈으로는 현실을 직시하라는 뜻이지요. 프로이트는 "꿈은 소원 성취"라고 말했습니다. 꿈을 꾼다는 것은 본능과 무의식이 마음속에 갈구하는 것을 머릿속으로 실제 성취하고 있다는 의미입니다. 꿈을 통해 머릿속에서 먼저 성취를 맛보아야 그 꿈은 보다 쉽게 구체적 현실로 구현될 수 있다는 말입니다.

아암

꿈꾸는 사람이 현실적인 힘도 강합니다.

묵강

많은 가르침 감사합니다.

영벽정 단상 斷想

강정보 디아크 넓은 잔디밭과 강변에서 혼자 혹은 둘, 삼삼오오 짝을 지어 텐트를 치고 야영을 즐기는 사람들을 만날 수 있다. 코로나19 유행 이후 아웃도어 캠핑은 더욱 유행하고 있다. 사람들은 작은 텐트와 이동식 탁자로 청량한 바람을 맞으며 달과 별, 강물과 구름, 불타는 노을 등을 멍하게 바라보며 생각에 잠기거나 책을 읽는다. 노트북을 내놓고 게임을 하거나 영화를 보기도 한다. 그들의 텐트는 이동식 정자라고 할 수 있다. 그 속에서 보내는 한나절, 하룻밤은 삶의 활력과 창조적 에너지를 공급해 준다. 산 좋고 물 좋은 곳을 좋아하는 사람들은 관광안내정보, 블로그, 유튜브 등을 참고하여 유무명의 정자 방문을 즐긴다. 정자는 몸과 마음의 휴식뿐만 아니라 창조적 에너지도 공급해 준다. 낙동제일강산에 위치한 상상력 발전소 영벽정에 들면 감각이 살아나고 사색의 창이 절로 열린다.

창조적 아웃사이더

아웃사이더outsider는 내부자를 의미하는 인사이더insider와 구별되는 인간형으로, 국외자 또는 이단자를 뜻한다. 타의에 의해 어떤 집단에 동화되지 못하거나 배척되는 경우는 소극적·수동적 아웃사이더이고, 소속 집단의 규칙이나 질서에서 스스로 벗어난 경우는 적극적·능동적 아웃사이더이다. 아암 윤인협은 능동적 아웃사이더라고 할 수 있다.

우리에겐 물리적, 심리적인 자기만의 공간이 필요하다. 숲이나 모래톱에 친 텐트 속에서 혼자 빈둥거릴 기회를 가져야 한다. 유소년 시절, 자기만의 다락방에서 자유롭게 공상하며, 자신을 달래고 치유하는 법을 터득한 아이는 지적 호기심과 모험심을 평생 유지할 수 있고, 삶의 과정에서 수시로 찾아오는 무기력의 포위망에서도 쉽게 벗어날 수 있으며, 일상을 자신 있게 자율적으로 끌어갈 수 있다.

시골에서 성장한 사람은 초등학교 시절 동네 악동들이 추수가 끝난 뒤 뒷산 양지바른 천수답에 쌓아 둔 볏단으로 집을 지은 경험이 있을 것이다. 남쪽을 제외하고 삼면은 볏단으로 두껍게 벽을 쌓았고, 남쪽은 비닐로 출입문을 만들어 햇살이 들어오게 했다. 바닥에는 볏단을 풀어헤친 다음 가마니를 여러 장 겹쳐 깔아 냉기가 올라오지 않게 했다. 이렇게 만든 움막은 햇살이 많이 들어오는 낮에는 온실처럼 따뜻했다. 비닐 창문을 열고 바라보는 파란 겨울 하늘은 눈이 시리도록 푸르렀다. 멀리 산 아래로 보이는 마을은 전혀 다른 모습으로 다가왔다. 동네 아이들의 아지트에는 부모님의 성가신 잔소리나 하기 싫은 심부름, 숙제 따위는 없었다. 배가 고프면 집에서 가져온 찐쌀이나 생쌀을 씹어 먹기도 했다. 그곳은 일탈이 주는 짜릿한 즐거움과 아웃사이더의 관조적 여유를 동시에 맛볼 수 있는 유토피아였다.

나이와 관계없이 우리에겐 다락방 같은 공간이 필요하다. 어린 시절 우리는 부모 몰래 다락방에 올라가 금지된 만화책 같은 것들을 읽었다. 낮고 좁고 다소 답답했지만, 다락방에 올라가면 그 무엇보다도 세상의 모든 시선으로부터 해방될 수 있었고, 대낮에도 적당한 어둠이 어린 영혼을 감싸주어 아늑하고 편안했다. 그곳에서는 가족이 함께하는 큰 방이나 대청에서는 불가능한, 온갖 기발한 생각들이 마르지 않는 샘물처럼 용솟음쳤다.

아이들은 자기만의 공간을 좋아한다. 계단 중간에 조금 넓게 만들어 놓은 '계단참', 잡다한 물건들을 넣어 두는 '광'이나 '골방', '지하실' 등의 공간은 유년의 영혼이 휴식을 취하며 놀고, 숨고, 공상하고, 상상하며, 꿈을 꾸는 장소였다. 그곳은 생성과 창조의 공간이었다. 그러나 그런 부속 구조물이 없는 아파트 같은 자폐적 평면 공간은 입체적 사고를 방해하며, 고전적인 상상력 배양을 어렵게 한다. 영벽정에 앉아 유유히 흐르는 강물을 바라보면 유년 시절의 작지만 소중했던 여러 공간이 떠오를 것이다.

과거 악동들이 비밀 본부를 만든 것, 요즘 아이들이 캠핑 가서 텐트를 치고 자기만의 공간에서 지내는 활동 등은 잠시나마 적극적 아웃사이더가 되어 보려는 행위로 볼 수 있다. 영국의 소설가이자 문학평론가인 콜린 윌슨은 그의 저서 『아웃사이더』에서 카뮈의 『이방인』, 도스토옙스키의 『카라마조프의 형제들』 등에 나오는 작중 인물들과 니체, 반 고흐 같은 실제 인물들을 아웃사이더라는 관점에서 분석하였다. 이 아웃사이더들은 지루하고 불만족스러운 일상의 세계를 본능적으로 거부했다. 그들은 억압과 감시 감독, 일방적인 지시를 견디지 못했다. 그들은 일상이 따분하게 되풀이되는 것은 고역이며 노예들에게나 알맞다고 느꼈다. 모든 위대한 시인들이나 사상가들은 이 감정을 문학과 철학적 사색의 출발점으로 삼았다. 아웃사이더들은 체제 안의 순응자인 인사이더들이 보지 못하거나 애써 무시하려고 하는 지배 질서의 허구성을 폭로하고 조롱했다. 능동적·창조적 아웃사이더들은 인간성의 폭과 깊이를 넓혔고 인간이 지향해야 할 가치와 이상향을 창조했다.

한국의 정자는 일상에서 떨어져 있지만 적당한 거리감을 유지하는 친숙한 삶의 공간이다.

Festina Lente! (천천히 서둘러라)

아리스토텔레스는 철학할 수 있는 조건으로 '여유'를 꼽았다. 삶과 세상 돌아가는 것을 편견 없이 바라보고 그 진정한 의미를 찾기 위해서는 절박한 일상에서 다소 거리를 두어야 하며 몸과 마음의 여유가 꼭 필요하다. 헤라클레이토스는 조용히 사색하며 세상일에서 한발 물러서서 당장의 이해관계를 떠나 모든 일의 근본을 깊이 바라보려고 노력했다. 그는 "변하는 현실을 주의 깊게 바라보면서 정의로움과 바람직한 삶이 무엇인지에 관해 끊임없이 생각하라"고 말했다.

아우구스투스는 로마 최고 번성기를 연 황제다. 그는 안토니우스를 물리치고 황제가 되었고, 사망할 때까지 최고 권력자로 군림했다. 그는 글로벌 제국으로 성장한 로마에 걸맞은 지배 구조를 구축하려고 노력했던 율리우스 카이사르의 구상을 착실하게 구현하여 200여 년에 걸친 번영기, 즉 팍스 로마나 Pax Romana 시대를 열었다. 『로마인 이야기』를 쓴 시오노 나나미는 "내가 본 역사상 가장 이상적인 후계 구도는 예수에서 베드로, 카이사르에서 아우구스투스로 간 것이다. 역사에서는 성격상 상반되는 인물이 전임자의 혁명을 완수한 경우가 많다"라고 했다.

아우구스투스는 카이사르 사후의 혼란한 정국을 수습하고 자신의 통치 이념을 실현하는 과정에서 '천천히 서둘러라 Festina Lente'를 좌우명으로 삼았다. 그의 좌우명 '페스티나 렌테'는 수많은 정치인과 학자들에게도 영향을 주었다. 로마제국 아홉 번째 황제인 베스파시아누스는 권력의 최상부에 오르기 어려운 세리 집안 출신이었지만 특유의 치밀함과 부지런함으로 황제의 자리까지 오른 탁월한 능력의 소유자였다. 그의 초상이 그려진 동전 뒤쪽에는 '닻과 돌고래'의 모양이 새겨져 있다. '천천히 서둘러라'는 아우구스투스의 좌우명을 로고로 새긴 것이다. 무거운 '닻'은 배의 '안전'을 의미하고 '돌고래'는 파도를 헤치고 빠르게 나아가는 '속도'를 상징한다.

르네상스 시대 지식인들도 '닻과 돌고래' 아이콘을 애호했다. 르네상스 시대의 출판업자 알도 마누치오도 '페스티나 렌테'를 즐겨 사용했다. 그는 아리스토텔레스의 작품을 포함해 수많은 고전 텍스트를 출판하면서 인문 정신의 고양과 인문학 부흥에 큰 족적을 남겼다. 그가 만든 알도 출판사의 표장은 돌고래가 닻을 휘감고 있는 모양을 형상화한 것이다. 닻과 돌고래는 안정되게 일정 속도를 유지하며 기회를 기다리다가 때가 되면 돌고래처럼 민첩하게 행동하라는 것을 상징한다. 그가 세상을 떠났을 때 꽃이 아닌 그가 출판한 책들이 그의 유해 주변을 장식했다고 한다.

지금 우리는 너무 들떠 있고, 모든 일에서 너무 빨리 결론을 내리고 성과를 얻고 싶어

한다. 우리는 변화와 안정, 속도의 균형을 생각하며, 어느 한쪽이 비정상적으로 지나치게 강조되는 측면을 눈여겨 살펴볼 필요가 있다. 곳곳에서 막상 속도가 필요한 곳에서는 속도가 없고, 안정과 무게가 요구되는 곳에는 또 지나치게 빨리 결론을 내리는 우를 범하고 있다. '페스티나 렌테'는 모든 일에서 신중하면서도 신속한 자세가 필요하다는 점을 일깨워 준다.

사람은 누구나 자신의 내부에 자리 잡고 있는 객기와 일탈의 본능을 억압당하면 어느 순간 파괴적 아웃사이더로 변하기가 쉽다. 한 번 고삐가 풀리면 극단까지 가는 경향이 있다. 우리 사회에 범람하는 맹목적인 증오심과 섬뜩한 눈빛의 아웃사이더들을 보라. 안과 밖을 자유롭게 넘나들 수 있는 유연한 사람, 모든 대상을 상대로 가까이하기와 멀리하기의 균형을 유지할 수 있는 창조적 아웃사이더만이 자신과 주변을 객관화하며 창조적인 발상을 할 수 있다. 일상과 생업이 우리를 숨 가쁘게 할수록 일 보 전진을 위한 생산적 일탈과 거리 두기, 마음의 여유가 필요하다.

우리가 잃어버린 것들

평소 빌딩의 숲에 가려 황혼녘의 불타는 노을을 볼 수 없는 사람들, 별을 보며 대자연의 신비와 경이감을 맛보지 못하는 사람들, 모든 즐거움을 돈으로만 얻으려고 하는 사람들, 누가 이들을 이렇게 만들었는가? 더 늦기 전에 우리는 다시 진지하게 자연과 만나야 한다. 자연을 사랑하며, 그 속에서 뛰노는 아이들은 난폭하지 않다. 한국의 정자는 이런 관점에서 다시 주목받을 필요가 있다.

현대인의 시간관념은 극단의 정점에 이르게 되었다고 할 수 있다. 복잡한 현대 생활은 분과 초를 다투며 바쁘게 돌아가고 있다. 누군가와 약속하여 기다리게 될 때, 상대방이 정한 시간에 나타나지 않으면, 기다리는 사람은 일종의 심리적 고문을 당한다고 생각한다. 깨

낙조의 화염에 휩싸인 느티나무

어있는 시간 동안 우리는 일이나 오락에 몰두해야 한다. 아무 일도 하지 않는 무위의 시간을 우리는 견디지 못한다.

 우리의 그렇게 민감한 시간관념은 톱니바퀴의 회전이 만들어 내는 기계적이고 인위적인 시간에 바탕을 두고 있다. 우리는 태양과 달, 별이 만들어 내는 자연적인 우주의 시간을 일상생활에서 거의 의식하지 못하고 있다. 지금도 산업사회 이전 단계에 사는 사람들은 계절의 순환, 일출, 일몰 등에 민감하다. 그러나 도시인들은 해와 달, 별의 움직임을 보지 않고 톱니바퀴가 만들어 내는 인공적인 시간에 의해 생활하고 있다. 도시인들은 이제 교외로 나가지 않으면 계절의 변화조차도 의식하지 못하게 되었다. 한때 우리의 꿈과 동경의 대상이던 별을 이제 도시 사람들은 잘 볼 수가 없다. 큰 건물들 사이사이에서 반짝이는 대형 네온사인들이 밤하늘의 별을 대신하고 있고, 사람들은 그 인위적인 불빛을 보며 밤길의 방향을 잡게 되었다.

도시 생활에서 우리가 누리는 것은 무엇이며, 잃어버린 것은 무엇인가? 빌딩의 숲에 가려 황혼녘의 불타는 노을을 볼 수 없는 사람들, 별을 보며 대자연의 신비와 경이감을 맛보지 못하는 사람들, 모든 즐거움을 돈으로만 얻으려고 하는 사람들, 누가 이들을 이렇게 만들었는가? 더 늦기 전에, 삶이 더 황폐해지기 전에 사람들이 자연을 느끼게 해야 한다. 자연을 느끼고 사랑하는 사람은 난폭하지 않다.

강물과 버지니아 울프

"흐르는 강물을 바라보니 꿈 많았던 어린 시절의 일들이 주마등처럼 스쳐 지나갑니다. 당신은 집에서 아이들만 잘 키우라고 했지만, 아이들은 우리 뜻대로 되지 않았고, 당신은 나의 수고와 절망을 이해하려 하지 않았습니다. 내 수중엔 돈 한 푼 없고, 내 귀에서는 늘 환청이 들립니다. 나는 힘들 때 친정어머니 산소 외에는 혼자 마음껏 울 수 있는 장소조차 없습니다"

자살을 결심한 어느 여인이 일기장에 적은 유서의 첫머리이다. 우연히 유서를 훔쳐본 남편이 아내에게 무심했던 자신을 뉘우치며 아내를 입원시켜 놓고 조언을 구하러 필자를 찾아왔다. 필자는 그 유서를 읽으며 불현듯 버지니아 울프와 '자기만의 방'을 떠 올렸다. "흐르는 저 강물을 바라보며 당신의 이름을 목 놓아 불러 봅니다. 레너드 울프, 제 처녀 때의 이름 버지니아 스티븐이 당신과 결혼하면서 버지니아 울프가 된 것을 한 번도 후회한 적이 없습니다. 제 나이 예순, 인생의 황혼기이긴 하지만 아직 더 많은 일을 할 수 있는 나이에 스스로 생을 마감할 생각입니다" 마지막 소설 『세월』을 탈고한 후 1941년 3월 어느 날 주머니 속에 돌을 가득 채우고 오즈 강물에 몸을 던진 버지니아 울프가 남긴 유서의 첫 부분이다.

앞의 유서는 남편과 자녀와 자신에 대한 원망이 가득하고, 뒤의 유서는 유년의 상처를 이해해 준 남편에 대한 감사의 마음으로 시작한다는 차이만 있을 뿐, 시공의 차이에도 불구하고 두 여인 모두 극심한 우울증으로 자살을 생각하며 유서를 썼다.

버지니아 울프는 제인 오스틴이 『오만과 편견』을 쓴 곳은 그녀만의 공간에서가 아니었음을 지적한다. 울프는 오스틴이 그 대작을 가족 모두가 함께 기거하는 공동거실에서 집필했다는 사실을 상기시키며 억압받는 여성들에 대해 이야기한다. 버지니아 울프는 소설 『자기만의 방』에서 만약 여성이 자유의 문을 열 수 있는 두 가지 열쇠만 찾을 수 있다면 미래에는 여성 셰익스피어가 나올 수 있다고 주장했다. 그 열쇠란 '고정적인 소득'과 '자기만의 방'이다. 소설 속에서 주인공은 투표권과 돈을 선택하라고 하면 돈을 선택하겠다고 말한다. 돈이란 사람의 마음을 자유롭게 하며, 가난으로 인해 생긴 분노를 없애줄 수 있기 때문이다.

여권 신장이 남성을 위협할 정도가 되었다는 21세기에도 한국의 여성은 가사와 자녀교육이 주는 그 모든 부담을 감당하기에는 몸과 마음이 너무 힘겹다. 남자는 남자대로 이 불황에 가족을 먹여 살리려고 바깥에서 얼마나 악전고투하는지 처자식은 모른다고 항변할 것이다. 서로의 어려움만을 주장하며 일방적인 이해와 인내를 요구한다고 문제가 해결되는 것은 아니다. 부부와 자녀 모두는 대화와 소통을 통해 같이 행복할 수 있는 방법을 찾으려고 노력해야 한다. 모든 엄마는 자신이 자녀와 남편의 몸종이 된다고 그들이 행복해하는 것이 아니라는 사실을 알아야 한다. 맹목적으로 가족의 몸종이 되는 것을 단호하게 거부하고 자신의 발전과 행복을 추구할 때 남편과 자녀는 더 행복해질 수 있고, 자신의 존재감이 더 강하게 인식되는 경향이 있다는 점을 기억해야 한다.

톨스토이는 그의 소설 『행복』에서 연인 시절의 사랑은 세월과 더불어 다른 형태로 변한다고 말한다. 연애 시절의 낭만적 열정이 평생 유지되기 어렵다는 뜻이다. 소설 속에서 남편은 "이제 우리는 조금만 옆으로 비켜서서 각자의 공간을 마련해 주는 거야"라고 말한다. 자기만의 세계를 가질 수 있도록 서로에게 자유로운 여지를 주는 것이 부부가 추구해야 할 사랑법이라는 것이다. 부부 사이만 그렇겠는가. 부모와 자녀 사이도 마찬가지이다. 가능하다면 가족 구성원 각자는 자기의 방, 자기만의 여지를 가지는 것이 좋다. 엄마도 엄마의 방을 가져야 한다. 물리적 공간만을 의미하는 것이 아니고, 홀로 머물며 자신을 성찰하고 삶을 음미할 수 있는 정신적 독립 공간이 필요하다는 말이다. 남편과 자녀는 엄마의 수고를 인정하고 진심으로 감사하며 '엄마의 방'을 만들어 주어야 한다. 엄마가 건강하고 행복해야 온 가족이 함께 행복할 수 있기 때문이다.

어린왕자, 한국의 어린이

영벽정에 앉아 별을 바라보며 어린왕자를 불러본다. 생텍쥐페리의 『어린 왕자』가 전 세계 모든 연령층의 사람들에게 지속적인 인기를 유지하는 이유는 바로 '의사소통'과 다른 사람에 대한 '존중'이다. 이 메시지는 시간과 공간을 초월하여 우리에게 항상 와 닿는 주제다.

어린 왕자는 여러 별을 떠돌아다니면서 소통과 존중의 미덕을 잃어버린 사람들을 많이 만난다. 시종일관 남에게 군림하려고만 드는 왕, 자신을 칭찬하는 말 외에는 귀 기울이지 않는 허풍쟁이, 우주에 산재해 있는 5억 개의 별이 모두 자기 것이라며 거듭 되풀이하여 세고 있는 상인, 자기가 사는 별도 제대로 탐사해보지 못한 지리학자 등을 만난다. 이런 사람들의 공통된 특징은 물질 만능주의적 사고에 젖어 있고, 다른 사람을 귀하게 여길 줄 모른다는 것이다. 예나 지금이나 인간 세상의 근본적인 모습은 바뀌지 않았다. 많은 사람이 타인을 믿을 수 없고, 그들에게서 위협을 느끼며 산다. 각자는 자기 세계와 아집에 매몰되어 타인을 향한 속 깊은 관심이나 세심한 배려 따위는 없다.

어느 논객이 삼성 사장단 회의에서 "지금 삼성에 필요한 것은 아날로그적 감성"이라고 했다. 삼성은 최고 엘리트 기업이란 인식이 강하지만 인간적인 감성이 메말라 있다고 지적했다. 한때 TV 드라마 '응답하라' 시리즈가 선풍적인 인기를 끈 이유는 느리고 따뜻한 인간적인 정이 넘치고, 아날로그적인 향수를 불러일으키기 때문이다. 시대가 아무리 바뀌고 과학 기술이 아무리 발전해도 인간적인 감성은 인간을 움직이는 핵심 요인이다. 풍부한 상상력과 창의력은 지식기반 사회에서 사활의 관건이 된다. 예술적 감각이 결여된 인간에게서 풍부한 감성이나 창의력을 기대할 수 없다. 예체능 교육을 통해 섬세한 아날로그적인 감성을 길러야 디지털 세계에서도 경쟁력을 가질 수 있다. 오늘 우리 교육 현장에서 가슴 뭉클한 벅찬 감동을 경험하기는 어렵다. 암기와 모방, 등급과 석차, 상호비교만 있다.

루트번스타인 부부는 그들의 저서『생각의 탄생』에서 "미래는 직관력과 통찰력을 갖춘 르네상스형 인간(만능형)이 성공할 것"이라고 말한다. 상상력과 직관력은 흔히 모호하고 불합리하다고 생각하지만 그렇지 않다. 오히려 교과서적인 지식이야말로 '환상'이라고 그들은 주장한다. 이해보다 암기를 요구하기 때문이다. 창조적 천재는 풍부한 상상력과 직관으로 다양한 지식을 통합해 남들이 착안하지 못하는 해결책을 엮어낸다. 지금 아이들에게 필요한 것은 과학적 지식이 아니라, 그 지식을 창안한 과학자의 삶과 사고 과정을 가르쳐야 한다. 이를테면 생물을 가르치기 전에 곤충학을 집대성한 파브르를 읽게 하는 것이 더 바람직하다는 것이다. 미술은 미술대로 음악은 음악대로 같은 방식의 교육을 하면 어느 새 창조적 발상법을 몸에 익히게 된다.

어린 왕자는 일곱 번째 별인 지구에서 지혜로운 여우를 만나 인생에서 중요한 것들에 관한 이야기를 듣는다. "가장 중요한 것은 눈에 보이지 않는 법이야"라고 한 여우의 말을 우리는 곰곰이 음미해 보아야 한다. 눈에 보이지 않고 낭상 용노가 없다고 밀티하면 후일 그 대가는 치명적일 수 있다. 우리는 모든 면에서 너무 근시안적이다.

같이 또 따로

"너희들은 사랑스럽지만 공허해. 너희를 위해 죽으려는 사람은 아무도 없을 거야. 물론 그냥 지나가는 사람이라면 내 장미가 너희들과 똑같다고 생각하겠지. 하지만 내 장미는 너희들 모두를 합쳐놓은 것보다 더 중요해. 내가 물을 주었으니까. 내가 유리 덮개를 씌워줬으니까. 내가 바람을 막아줬으니까. 불평할 때도 자랑을 늘어놓을 때도 심지어는 아무 말도 하지 않을 때도 내가 귀를 기울여 주었던 장미니까. 바로 내 장미거든" 생텍쥐페리의 어린왕자가 장미들에게 하는 이야기다. 어린왕자는 자기 장미가 수많은 다른 장미보다 중요하고 특별하다고 말한다. 이유는 그 꽃을 자신이 선택했고, 그것을 위해 많은 시간을 보냈기 때문이라고 말한다. 어린왕자는 자신이 선택하고 길들인 것들에 대해서는 책임을 져야 한다고 강조한다.

로버트 차알디니는 『설득의 심리학』에서 "한 번 선택한 것은 버리기가 아깝다"고 말한다. 그가 말하는 '일관성의 법칙'이란 한 번 선택하면 끝까지 옳다고 합리화하려는 사람의 본능을 이용한 법칙이다. 대부분 사람은 일단 선택하고 나면 그것이 옳지 않다고 해도 그것에 맞추어 자신을 합리화하고, 계속해서 그것을 버리지 못하고 빠져들게 된다. 특정 연예인에 빠진 청소년들은 그 연예인이 사회적 물의를 일으켜 잘못이 밝혀져도 계속해서 좋아하고 지지하는 경향이 있다. 종말론을 신봉하던 사람들은 그 종교가 정한 종말일이 지나 종말

문짝고리

이 오지 않아도 더욱 그 종교를 옹호한다. 자신의 믿음이 무너져 내리는 것을 감당하기 어렵기 때문이다. 지금 우리나라에는 '일관성의 법칙'에 깊이 빠져 있는 사람들이 너무 많다.

정치, 경제, 문화, 외교 등 모든 분야에서 어느 한쪽을 무조건 지지하는 사람들이 우리 사회를 위기로 몰아넣고 있다. 그들에게는 성장과 발전을 위한 변증법적 토론, 실체적 진실, 타협과 협상 같은 말이 먹혀들지 않는다. 극단에 서 있는 사람들은 모든 분야에서 부정적인 것들만 들추어내어 불만과 불안을 생산한다. 우리 주변에는 비관과 불안의 메시지를 생산하는 사람들의 목소리가 지나치게 높다. 그들은 도약과 발전을 위한 분위기 쇄신에는 소극적이다. 팩트와 진실이 외면당하고 불안과 불만이 제대로 관리되고 통제되지 않는 사회는 희망이나 꿈, 이상 같은 말들이 들어설 여지가 없다.

미국의 시사주간지 '타임'은 20세기를 문 닫는 1999년 12월 31일에 아인슈타인을 '20세기의 가장 주요한 인물'로 선정했다. "20세기는 과학기술의 발전이 두드러진 세기로 가장 많이 기억될 것이다"라고 선정 이유를 밝혔다. 사람들은 아인슈타인을 '해도海圖에도 없는 사상의 바다'를 혼자 항해한 또 다른 콜럼버스로 평가하고 있다. 그는 과학뿐만 아니라 주옥같은 수필 작품을 여러 편 남겼다. "분노는 바보들이나 가슴에 품는 것. 성공한 인간이 되려고 하지 말고 가치 있는 사람이 되려고 하여라. 사실을 배우려고 대학에 갈 필요는 없다. 사실은 책에서 배울 수 있다. 교양 교육의 가치는 사실을 배우는 데 있는 것이 아니라, 교과서에서 배울 수 없는 것을 생각하는 사고력을 훈련하는 데 있다" 그가 툭툭 던진 아포리즘은 시간이 흐를수록 많은 사람에게 공감을 주고 있다. 무리의 소란에서 떨어져서 홀로 근본과 원리를 탐구하는 사람이 일방적으로 배제되거나 소외되지 않을 때, 그 사회는 든든하고 안전해진다.

햄릿과 돈키호테

셰익스피어와 세르반테스는 동시대 작가로 살다가 1616년 4월 23일 같이 세상을 떠났다. 이날이 바로 '세계 책의 날'이다. 그들은 비슷한 시기에 위대한 두 작품을 출판했다. 『햄릿』을 쓴 셰익스피어는 큰 고생하지 않고 작품 활동을 했다. 『돈키호테』를 쓴 세르반테스는 감옥과 노예 생활 등을 겪으며 비극적으로 살았지만, 낙천적인 작품을 남겼다.

19세기 러시아 문학의 거장인 투르게네프는 두 작품의 유사점과 차이점을 분석했다. 우유부단한 사색형을 일컫는 '햄릿형'과 저돌적인 행동형을 말하는 '돈키호테형'이라는 인간 유형은 투르게네프의 분류에서 유래되었다. 햄릿은 철저하게 이기적이고 회의론자다. 그의 머릿속은 언제나 자신의 문제로 가득하며 항상 자신을 질책하고 감시한다. 그는 자기 내면을 주시하는 것에서 만족을 얻는다. 그는 무슨 일에서나 주저하며 항상 우유부단에 대한 핑계와 구실을 찾는다. '햄릿형'은 일반적으로 뛰어난 통찰력과 지각 능력을 갖추고 있으며 사색적이다. 실천력의 결여로 세상과 사람들에게 기여하는 바가 별로 없다는 것이 문제다.

돈키호테는 진리와 정의를 위해서는 목숨까지도 바칠 각오가 되어 있는 이상주의자다. 그에게 자기 자신을 위해 산다는 것은 치욕이다. 이웃과 형제를 위해 살며 악을 근절하는 것이 자기 소임이라고 생각한다. 그는 확고부동한 신념을 가지고 있기 때문에 모든 행동에 거침이 없고 어떤 경우에도 주저하지 않는다. 어느 시대, 어느 사회에서나 '햄릿형'과 '돈키호테형' 인물은 공존한다. 시대가 처한 상황에 따라 어느 한 유형이 더 절실한 인물형으로 부각된다. 투르게네프가 살던 19세기는 행동하는 지성이 절실하던 시대여서 '돈키호테형'을 높이 평가했다. 돈키호테형이 더 요구되는 시대라 할지라도 반드시 햄릿형이 있어야 한다. 그 역도 마찬가지다. 어느 한쪽이 극단으로 흐르지 못하도록 상호 견제와 균형이 필요하기 때문이다. 지금 우리에게는 두 유형의 인물 군상들이 국가와 민족을 위해 상호 견제하며 조화로운 균형을 유지하지 못하고 있다. 이론에 밝고 공부는 많이 했지만 소심하고 이기적이며 매사에 냉소적인 햄릿형과 제대로 깊이 있게 공부하지 않아 세상 물정은 모른 채 무조건 행동부터 하고 보는 어설픈 돈키호테 같은 사람들이 우리 사회 도처에 차고 넘친다. 투르게네프가 분석하여 분류한 두 유형의 인간형과는 또 다른, 변형되고 일그러진 햄릿과 돈키호테 같은 사람들이 사생결단으로 싸우며 서로 목청을 높이고 있는 것이 우리의 현실이다.

교육자이자 정신분석학자인 브루노 베텔하임은 "전체주의는 개인 불안의 반영"이라고 했다. 현대사회에서 대부분의 개인은 불안하다. 집단과 개인의 안전, 자녀 양육, 생계와 노후 등 모든 면에서 불안하다 보니 전체주의적인 사고방식이나 행동에서 심리적 소속감과 안정감을 얻으려는 경향이 강하다. 극단적인 주장과 행동을 하는 사람들의 의식 근저에는 비슷한 심리가 작용한다. 각자가 기대고 싶은 집단과 대상이 다를 뿐이다.

나치 수용소에서 2년을 보내고 난 뒤 베텔하임이 내린 결론은 "환경이 이상해지면 전혀 예상할 수 없는 행동이 나온다"는 것이다. 그는 "수용당한 사람뿐만 아니라 친위 대원의 행동 양식도 환경이 결정하는 것"이라고 말했다. 그는 "'나라면 절대 그런 짓은 하지 않는다'는 말을 해서는 안 된다"라고 했다. 환경은 사람의 인격을 바꿀 수 있기 때문이다. 그는 "인격을 파괴하기 위한 환경이 만들어질 수 있다면, 그 반대 또한 가능하다"라고 말했다.

38세의 뉴질랜드 젊은 여성 총리 재신더 아던은 총기 테러로 비탄과 고통에 빠진 무슬림들에게 히잡을 쓰고 다가가서 "여러분이 바로 우리다"라는 말로 위로하며 그들을 껴안았다. 그녀는 공감과 사랑, 진실과 진정성, 상호 존중과 연대가 어떻게 사회를 통합하고 상처를 치유하는가를 모범적으로 보여 주었다. 우리는 그녀의 내면에서 얼마나 많은 햄릿과 돈키호테가 서로 갈등했을까를 헤아려보아야 한다.

입체적 상상력

한때 예루살렘 히브리 대학 교수인 유발 하라리 열풍이 거세게 불었다. 그는 『사피엔스』에서 "호모 사피엔스는 신, 인권, 국가, 돈에 대한 집단 신화를 창조함으로써 지구의 정복자로 우뚝 서게 되었다"는 점을 설득력 있게 설명하고 있다. 인류의 미래를 다룬 『호모 데우스(신이 된 인간)』는 종말론적인 묵시록으로도 읽힌다. 그는 "300년 전에 탄생하여 초절정 상태에 있는 인본주의는 과학기술의 획기적 발전으로 브레이크도 없이 고삐가 풀렸다"고 말하며, "이제 불멸, 행복, 신성神性이 인류의 중심 의제가 되었다"고 주장한다. 그는 "유기체란 알고리즘"이라고 말한다. "알고리즘으로서의 호모 사피엔스는 데이터주의가 패러다임이 되는 세상에서는 주요 존재가 되지 못할 수도 있다. 신의 시대였던 중세를 르네상스 시대의 인간이 대체했듯이, 미래는 데이터에 대한 숭배가 휴머니즘을 대체할 것"이라고 말한다. 그는 "지금은 우리 종의 역사에서 유일무이한 전환기에 해당한다"고 말하며, "역사상 처음으로 너무 많이 먹어서 죽는 사람이 못 먹어서 죽는 사람보다 많고, 늙어서 죽는 사람이 전염병에 걸려 죽는 사람보다 많고, 자살하는 사람이 군인, 테러범, 범죄자의 손에 죽는 사람보다 많고, 21세기 초를 살아가는 보통 사람들은 가뭄, 에볼라, 알카에다의 공격으로 죽기보다 맥도널드에서 폭식해서 죽을 확률이 훨씬 높다"라고 지적한다. 그는 "인간은 자신을 신으로 업그레이드하는 중"이라며 "수십, 수백 년 내에 사피엔스는 멸종할 것"으로 예측한다. "인류는 자기 삶에 의미를 부여하는 능력을 예전부터 가지고 있었지만, 기술이 발달함으로써 이 능력은 위협받고 있다. 인류는 영생을 포함해 초자연적인 능력을 갖춘 슈퍼맨 즉 호모 데우스로 대체될 가능성이 높다"는 게 그의 생각이다.

인간의 생물학적인 조건을 깊이 염두에 두고 이 책을 꼼꼼하게 읽어보면, 이 책을 예언서나 묵시록으로 읽어서는 안 된다고 생각하게 된다. 유발 하라리의 주장이 상당한 설득력을 가지고 있지만, 그 자신도 말하듯이 그의 유토피아 또는 디스토피아적 전망은 가상의 시나리오에 불과하다. 인간이 자신의 생물학적 조건과 정체성을 망각하고 신이 되려고 발버

둥 치면 칠수록 행복은 더 멀어지고, 새로운 기술과 빅데이터의 노예로 전락할 가능성이 높아 보인다. 유발 하라리의 저술들을 읽고 있노라면 인간이 과학기술과 빅데이터의 노예가 될까 봐 두렵고, 정보의 독과점으로 빈부 격차가 더욱 심화하지 않을까 우려된다.

앞으로 인류는 '자기 삶에 의미를 부여할 줄 아는 인간'과 '과학기술이 낳은 성과물과 빅데이터에 좌우되고 조정되는 인간'으로 나누어질 것이다. 인간이라는 생물학적인 정체성을 유지하면서 과학기술의 발달을 주체적이고 능동적으로 향유하기 위해서는 책 읽기를 통해 과거와 현재를 성찰하면서 미래로 가는 길을 찾아야 하며, 그 새로운 환경에 대한 적응 방법을 꾸준히 탐색해야 한다.

학자들은 "제4차 산업혁명은 과거 1, 2, 3차 산업혁명과는 달리 인류가 개발한 모든 기술이 한꺼번에 융합되는 혁명이 일어나서 우리의 삶을 기하급수적으로 변화시킬 것이기 때문에 두렵다"고 말한다. "인간이 기계와 인공지능AI과 융합되면 슈퍼맨과 같은 초능력을 가질 수 있을 것이다. 여기에다 현실과 가상, 공학적인 것과 생물학적인 것이 융합되면 우리가 상상할 수 없는 일들이 일어나고 인간과 신의 경계가 없어질 수 있다"고 말한다. 그러나 이 모든 변화를 두려워할 필요는 없다. 앞으로는 공유 경제와 정보 공유 시스템을 통해 대기업만이 가지던 자료와 자원을 개인도 가지게 되면 찰스 핸디가 그의 저서 『코끼리와 벼룩』에서 말하듯이 개인도 엄청난 힘을 가질 수 있다. '코끼리'는 대기업 같은 거대 조직을 말하고 '벼룩'은 프리랜서로 활동하는 1인 기업을 말한다. 과학기술의 발달은 개인에게 많은 기회를 제공할 수 있다. 절대다수의 개인은 언젠가는 회사 같은 조직에서 자의든 타의든 물러나게 된다. 그때 창의적 능력을 갖춘 사람은 과거와는 전혀 다른 새로운 기회를 가지게 될 것이다.

4차 산업혁명을 선두에서 이끄는 구글이 가장 중시하는 덕목은 '협업'이다. 개인적으로 아무리 능력이 뛰어나고 똑똑해도 팀워크가 없으면 구글에 들어갈 수가 없다고 한다. 2016년 다보스포럼도 미래 사회에 필요한 핵심 능력 중 하나로 '협업'을 꼽았다. 우리는 오로지 내 자식, 내 가족만 잘 되면 남이야 어떻게 되든 상관없다는 의식이 팽배해 있는 현실을 심각하게 바라보며, 소통, 상생, 협업 같은 능력을 갖출 수 있도록 교육제도와 교과과정을 대폭 손질해야 한다. 앞으로는 창의력, 상상력, 협동심, 사회성, 인문적 교양, 배려, 감성, 직관력, 통찰력, 공감, 연민 등의 자질을 가진 사람들이 창의적이고 생산적인 직업에 종사할 것이고, 보다 가치 있는 삶을 살 것이다. 우리가 새삼 주목해야 할 점은 앞서 언급한 자질들 대부분이 아날로그 시대의 전인교육이 강조하던 덕목이라는 사실이다. 앞으로는 개인이 어떤 경우와 환경에 처하든지 어린 시절부터 체계적인 교육으로 문화적, 문학적, 예술적 기본 소양을 갖춘 사람들이 더 풍요롭고 가치 있는 삶을 향유할 것이다.

창조적 사고

우리는 태어나서 죽을 때까지 끊임없이 선택을 강요당한다. 돌 지나 겨우 말을 배우기 시작할 무렵이면 할머니와 할아버지 중 누가 더 좋은지 선택하라는 질문을 받는다. 어느 한쪽을 선택하면 다른 쪽이 섭섭해한다. 답하지 않거나 둘 다 좋다고 말하면 발육이 더딘 아이, 또는 영악한 아이로 간주한다. 세상에는 원하는 답을 들을 때까지 계속 다그치는 악취미를 가진 사람들이 많다. 그런 경우 아이가 울음을 터뜨려야 그 부질없는 강요는 중단된다.

많은 사람이 어린 시절부터 이와 비슷한 경험을 자주 하므로 무엇을 선택할 때는 자신도 모르게 주변의 눈치를 살피게 되고, 그로 인해 어떤 불이익을 받을지를 본능적으로 계산하게 된다. 이런 과정을 거치면서 우리는 곤란한 상황에 부닥치지 않기 위해서, 또는 지금 당장 득을 볼 수 있다면 거짓말을 할 수도 있다는 점을 자연스럽게 받아들이게 된다.

학교에 입학한 이후부터 우리는 정말로 엄청나게 많은 선택을 해야 한다. 단순하게 맞고 틀리고를 고르는 OX 문제에서 알고 있는 지식을 총동원하여 답을 골라야 하는 오지선다형 수능 문제에 이르기까지 그 종류는 다양하다. 말로는 토론식 교육을 강조하지만, 수능시험은 여전히 객관식 선다형 문제다. 해마다 수능시험 직후에는 '정답 이의 신청 기간'이

드론으로 촬영한 영벽정 주변

라는 것이 있다. 매년 엄청난 이의 제기가 있고 간혹 정말로 문제가 발생하기도 한다. 깊은 사고력이나 창의력보다는 누군가는 실수로 틀리도록 매력적인 오답을 만들어야 하므로 이런 웃지 못할 상황이 발생한다.

    판사로부터 '예, 아니요'로만 답하라고 주의 받은 피고가 판사에게 질문했다. "판사님

은 묻는 말에 '예, 아니요'라고만 답할 수 있나요?" 판사가 그럴 수 있다고 하자 피고가 판사에게 물었다. "판사님, 판사님은 요즘도 부인을 계속 때리시나요?" 아내를 때린 적이 없는 판사는 이 질문에 답할 수가 없었다. 어느 쪽으로 답하든 아내를 때린 사실이 있다는 점을 인정하기 때문이다. 『모모』의 작가 미하엘 엔데가 들려주는 이야기다.

철학자 에밀 샤르티에는 "당신이 단 하나의 생각만 가지고 있을 때가 가장 위험하다" 라고 말했다. 어떤 사안을 두고 단 하나의 해결책만 제시하거나 보기를 나열해 놓고 그중에서 가장 적당한 것이나, 가장 거리가 먼 것만을 선택하게 해서는 안 된다. 피고가 판사에게 한 질문에서 알 수 있듯이 대답을 하기 전에 질문 자체의 타당성을 문제 삼을 수 있어야 한다. 모든 보기도 토론 대상이 되어야 한다. 때론 확실하고 분명한 것보다는 모호함을 인정하고 용인하며 그것을 즐길 수 있어야 한다. 상식적이지 않고 바보 같다는 말을 두려워하지 말아야 한다. 남들로부터 논리적이지 않다는 소리도 즐거운 마음으로 들을 수 있어야 한다. 창조적 사고는 기존의 방식에 특별한 의미와 가치를 부여하지 않을 때 촉발되는 경우가 많다. 이제 단선적인 사고방식에서 벗어나 다양성을 중시해야 한다. 우리는 '차이'가 '가치' 인 시대를 살고 있다.

스티브 잡스를 생각하다

21세기 IT 혁명을 이끈 애플의 창업자 스티브 잡스가 불꽃같은 삶을 마감했다. 그는 살아서도 전설이었지만, 죽어서는 IT업계의 확고한 신화로 자리매김하고 있다. 잡스에 대한 평가는 다양하다. "개인용 컴퓨터PC 산업의 개척자이자 사람들이 기술에 대해 생각하는 방식을 바꿔놓은 혁신가", "디지털 시대에 음악과 영화, 모바일 커뮤니케이션이 경험되는 방식을 바꿔 문화 혁명을 주도한 인물", "세상을 새로운 모습으로 재형성한 선구자" 등과 같은 찬사가 이어지고 있다. 그러나 잡스는 열등감과 인간적 약점을 동시에 가지고 있는 평범한 인간이기도 했다. 입양아라는 사실을 부끄러워했고, 무단결석을 밥 먹듯이 하는 문제아였고, 마약을 흡입한 경험도 있고, 동거하던 여자 친구가 낳은 딸에게 양육비도 주지 않은 비열한 인간이기도 했다.

잡스는 보통 사람의 장단점을 모두 가지고 있었지만, 위기를 극복할 수 있는 낙관적 의

지와 집중력을 가지고 있었다. 그는 목표를 달성하는 과정에서 세부적인 것까지 최선의 것을 고집했다. 위기를 기회로 전환하는 불굴의 의지는 우리를 감동하게 한다. 1985년 자신이 설립한 애플에서 해고되었지만, 그는 그 사건을 자기 인생 최고의 사건으로 받아들이며 초심자의 마음으로 돌아가 최고의 창의력을 발휘했다. 췌장암을 선고 받고도 죽음은 삶이 만든 최고의 발명품이라며 마지막 순간까지 열정적인 삶을 살았다.

잡스의 일대기는 자라는 청소년들에게 많은 것을 시사한다. 그는 공학과 기술과 인문학을 결합해 IT 혁명을 주도했다. 그의 창의력은 어디에서 왔을까? 그의 창의력은 독서를 통한 인문학적 상상력을 기술에 접목한 데서 나왔다. 그는 무에서 유를 창조하기 보다는 있는 것 중에서 자기가 필요한 것을 찾아내 융합하고 결합하는 능력이 탁월했던 사람이다. 잡스가 우리 자라나는 청소년들에게 던지는 교훈은 인문학적 교양과 상상력의 중요성이다. 세상의 많은 창조는 무에서 나온 것이라기보다는 이미 있는 것에서 발견되는 경우가 많다. 잡스를 꿈꾸는 이 땅의 청소년들에게 스텐 데이비스의 『미래의 지배』를 권하고 싶다. 스텐 데이비스는 아이디어를 얻고, 미래를 읽어내는 방법을 찾아내기 위해서는 다음 사항을 참고하라고 말한다. 첫째, 미래를 내다보는 것은 창조하는 작업이 아니라 발견하는 작업이다. 발견한다는 것은 현재 속에 이미 미래가 존재하고 있음을 말한다. 그는 다른 사람들이 보기 전에 먼저 보라고 강조한다. 미래의 새로운 추세는 갑자기 생기는 것이 아니고, 주변 사례를 찬찬히 살피면서 연관관계를 이해하면 쉽게 찾을 수 있다. 둘째, 아이디어를 얻게 되는 밑천은 독서다. 전공과 비전공의 비율을 50:50으로 하라고 말한다. 신문과 잡지를 몇 종류 읽고 전공과 상관없는 과학기술 분야와 소설을 읽으라고 권한다. 그다음으로 생소한 분야의 전문가들과 교류하며 조언을 구하고, 대중 강연을 통해 자기 생각을 가다듬고, 학회에 참석해 새로운 아이디어를 얻으라고 말한다. 마지막으로 그는 사색을 강조한다. 언제 어디서나 본질적인 것 외의 것은 떨쳐버리고 기본적인 것에 초점을 맞추는 생활을 하라고 충고한다. 인간은 사색을 통하여 가장 새롭고도 좋은 생각을 할 수 있다. 그는 "인생은 복잡하고, 진실은 단순하다"고 말한다. "내가 만약 소크라테스와 점심을 함께 할 수 있다면 애플이 가진 모든 기술을 내놓겠다"라고 잡스는 말했다. 잡스는 엄청난 독서가이자 대단한 사색가였다. 그는 어떤 목표가 설정되면 모든 주의력을 한 곳에 집중했다. 잡스는 사색할 때 목표에 초점focus을 맞추고는 단순simplicity해지려고 노력했다. 복잡한 기술도 제품에 응용할 때는 조작이 단순해지도록 했다.

그는 대학을 중퇴한 평범한 사람이었지만 독서와 사색, 낙관적인 의지와 집중력을 통해 인류 문명의 새 지평을 연 전설이 되었다. 그가 남긴 몇몇 경구들은 우리 청소년들이 두고두고 경청해 볼 필요가 있을 것이다. "다르게 생각하라. 항상 갈망하고 끝없이 배워라 Think Differently. Stay Hungry, Stay Foolish."

디지털 세상

컴퓨터 때문에 심각한 위기를 느끼는 가정이 늘어나고 있다. 상당수의 아이가 밥은 굶어도 컴퓨터는 해야 한다. 한 교실에서 20% 정도는 전문가의 상담과 치료를 받아야 할 정도로 심각하게 컴퓨터에 중독되어 있다는 조사 보고서도 있다. 컴퓨터뿐만 아니라 오로지 자기만의 세계에 갇혀 가족과 친구와의 대화를 단절하고 방 안에만 박혀 사는 학생들도 늘어나고 있다. 어떤 것을 좋아하는 정도가 도를 넘어 그것이 만든 가상 세계로 현실을 대체해 버리고 스스로 그 안에 갇히는 사람들을 일본어로 '오타쿠'라 한다. 그들은 현실 세계의 구체적인 삶은 뒤로 한 채 만화, 비디오 게임, 아이돌 스타, 인형 모으기 등과 같은 것에 병적으로 집착하며 자신만의 세계에 몰두한다.

『오타쿠 - 가상 세계의 아이들』이란 책은 컴퓨터나 애니메이션 등에 병적으로 집착하는 아이들을 이해하고 이들을 세상 바깥으로 끌어내는 데 도움을 준다. 저자 에티엔 바랄은 일본에서 오래 생활한 프랑스 기자다. 그는 "표면적인 안락함에도 불구하고 냉혹한 경쟁에 직면해야 하는 젊은이들이 어른들의 생산 사회에 들어가지 않고, 가상 세계나 유년의 놀이 문화에 남기를 선택하기 때문에 오타쿠가 생겨난다"고 진단한다. 심리적 자폐에 가까운 오타쿠, 그들은 일본 사회의 모순이 빚어낸 희생자이자 이탈자라는 것이다. 그것은 개인보다 집단의 이익을 앞세우는 일본 정신과 억압적인 교육 풍토에 학대당한 젊은이들이 스스로 선택한 생존 방식이다. 오타쿠들은 절규한다. "현실보다 상상의 세계가 좋다. 나를 인정해 주지도 않는 사회의 규약들은 지켜서 뭘 하나" 이들의 외침은 한국 사회에도 그대로 적용된다. 저자는 '튀어나온 못은 두들겨야 한다'는 일본 속담을 상기시키며 "'튀어나온 못'의 고뇌와 고통은 외면한 채 그냥 돌출부만 두드려 박아 넣으려는 피상적인 조치는 근본적인 해결책이 될 수 없다"고 강조한다. 남의 이야기가 아니다.

오타쿠가 되는 출발점은 대개 휴대폰과 컴퓨터다. "오늘의 나를 만든 것은 하버드 대학이 아니고 도서관의 책이었다. 나는 내 아이들에게 물론 컴퓨터를 사 줄 것이다. 그러나 그보다 먼저 책을 사 줄 것이다" 컴퓨터의 황제라는 빌 게이츠의 이 말을 우리 부모님들은 깊이 새겨들어야 한다. 책을 읽어야 부가가치 높은 콘텐츠를 생산할 수 있다는 말이다. 영상 매체가 활자 매체에 비해 시각적, 청각적으로 생동감 있게 와 닿는 것은 부정할 수 없다. 문제는 영상 매체가 차지하는 비중이 지나치다는 것이다. 컴퓨터에서 전개되는 영상 매체는 순간적으로 스쳐 지나가기 때문에 사람을 즉흥적으로 반응하게 하고 수동적인 인간이 되게 한다. 책을 읽고 글을 쓰는 행위는 언어의 잠재적 가능성을 확대한다. 문맥상의 틈새를 읽으며 우리는 자신의 지적 깊이와 폭을 확장하게 된다. 그리스 문명은 글쓰기 혁명을 통해 찬란한 꽃을 피우게 되었다. 기원전 7세기 무렵 종이에 해당하는 파피루스가 들어오자 그리스인들은 그 위에 시와 희곡, 법 조항을 기록하는 등 글쓰기 붐이 일어났다. 기록이 쌓이면서 도서관이 생겼다. 지식의 축적과 생산이 폭발하면서 민주주의는 세련된 모습을 갖추게 되었다.

민주주의가 생겨나게 한 토론의 광장인 아테네 아고라의 초기 풍경은 천박한 궤변과 거친 공격이 난무하는 혼란한 모습이었다. 글쓰기가 정착되면서 아고라에는 합리적 토론과 논리적 사고가 자리를 잡게 되었다. 스쳐 지나가는 것이 아니고, 기록으로 남게 될 때 인간은 더 합리적으로 사고하고 품위 있게 행동한다. 책을 읽고 사색하며 글을 쓰는 과정을 통해 우리는 정서적, 지적으로 성숙한 사람으로 성장하게 된다.

영벽정에서 유유히 흐르는 강물을 바라본다. 우리의 생각과 의식도 한곳에 머무르거나 고여 있어서는 안 된다. 한국의 정자는 일상에 뿌리를 두면서도 학문과 문학적 영감을 위해 일상을 잠시 벗어나게 하는 생활공간이자 창조공간이다.

왜 다시 정자인가?

한국의 정자는 깨어 있는 이성과 취한 감동이 특별한 방식으로 결합하는 특이한 공간이다. 서구식 관점에서 보면 한국의 정자는 디오니소스적 분위기가 다소 우세한 장소에서 문학과 예술, 학문적 영감을 받게 되는 역동적인 창조 공간이다. 한국의 정자는 디오니소스가 아폴론을 떠받치고 지탱하는 형식을 취하고 있다고 할 수 있다.

『비극의 탄생』을 쓴 니체는 "비극의 적은 바로 소크라테스의 합리주의"라고 말한다. 그는 "소크라테스의 합리주의에 의해 비극은 살해되었고, 소크라테스와 더불어 비극의 시대는 끝나고 이성과 이성적 인간의 시대가 시작되었다"고 지적한다. 니체는 또한 "소크라테스의 합리주의가 등장하여 그 세력이 강해짐에 따라 터무니없는 세계 상실이 초래되었다"고 한다. 이 말은 합리주의적인 부분만을 중시하기 때문에 비합리적인 세계가 문제시되지 않고 경시되게 되었다는 뜻이다. 한국의 정자는 메마르고 건조한 이론과 합리주의를 경계한다.

세상은 밝은 면과 어두운 면이 있는데, 소크라테스가 밝은 면만을 문제로 삼고 어두운 면을 문제로 삼지 않음으로써 그리스인은 그 본능의 강점을 잃었을 뿐 아니라, 생의 근거, 신화적인 깊이마저 잃었다. 니체는 소크라테스를 '본능적 지혜'가 결여된 좌절한 그리스인으로 부르며, 모든 것을 생각할 수 있는 것, 논리적인 것, 합리적인 것으로 바꾸어 놓으려는 충동에 사로잡힌 자라고 비난한다.

니체가 『비극의 탄생』에서 말하고 있는 '아폴론적'인 것과 '디오니소스적'인 것이란 무엇인가? 아폴론은 첫째 꿈꾸는 정신이다. 인간은 꿈을 통해서만이 현실이라고 하는 가상의 저편에 있는 본질을 탐구할 수가 있다. 그 꿈도 역시 가상에 불과하겠지만, 그 가상을 거듭 꿈꾸는 과정에서 하나의 형상이 이루어진다. 가상假像, 즉 꿈을 꾸고 있는 과정에 슬기가 발동하고 총명이 작용한다. 형상을 좇는 정신이나 의욕은 언제나 완전한 것을 목표로 하기 때문이다. 이렇게 아폴론은 '미와 빛의 신'이다. 그 은총으로 그리스인은 명랑하고 조화를 이룬 현세 긍정의 조형미술, 또는 장엄한 서사시와 같은 걸작을 생산했다.

그러나 아폴론 신의 대극對極에 있는 디오니소스 신의 등장 없인 그리스 정신은 자기표현을 다하지 못한다. 아폴론이 미와 빛의 신이라면 디오니소스 신은 도취와 그늘의 신이다. 밝고 아름다운 꽃을 피우기 위해서는 지하 어두운 곳에서 영양을 섭취하는 노력이 있어야 하듯이 아폴론은 디오니소스의 협동 없인 그 역할을 다하지 못한다. 니체는 이러한 협동을 아폴론과 디오니소스가 의형제를 맺었다는 수사修辭로써 표현하고 "디오니소스가 아폴론을 대변한다. 그러나 마지막에는 아폴론이 디오니소스를 대변한다"라고 말한다. 아폴론과 디오니소스의 협동으로 비극은 음악이면서 형상, 꿈이면서 도취, 조형적이면서 혼돈, 낮이면서 밤, 현상이면서 본질, 나아가 세계 본질의 형상화가 되는 것이다.

아폴론이 깨어있는 정신이라면 디오니소스는 도취하여 있는 감동이다. 우리의 삶과, 예술은 깨어 있는 이성과 취한 감동의 결합이라고 할 수 있다. 오늘 이 땅의 사람들은 너무나도 합리적인 것과 이성적인 것만을 추구하도록 강요받고 있다. 주기적으로 무엇인가에 도취하여 감동을 경험하지 않으면 합리성의 추구도 생산성이 없다.

금호선유문화

금호선유문화

배는 이쪽과 저쪽, 섬과 섬, 대륙과 대륙을 연결하는 다리 역할을 하면서 교역交易과 교류를 확대하여 인류의 삶을 풍요롭게 하는 데 기여했다. 배는 원래 인간의 생존 활동과 삶의 편의를 위해 발명되었지만, 인간의 의식과 문화에 획기적인 변화를 가져왔다. 배는 인간의 세계관을 확장하는 최고의 발명품이었다. 배는 물품의 이동 통로였을 뿐만 아니라 학문과 예술의 전파 통로이기도 했다. 배는 모험과 개척, 그리움과 낭만의 상징이었고, 다양한 장르의 예술작품을 생산하게 하는 예술적 영감의 산실이었다.

    배가 발명된 이후 동서양을 막론하고 뱃놀이가 있었다. 서양 클래식 음악을 좋아하는 사람은 뱃놀이라고 하면 헨델의 '수상음악', 오펜바흐의 '호프만의 뱃노래' 등을 떠올릴 것이다. 그런데 '선유船遊'가 무엇인지 아느냐고 물으면 잘 모른다고 말하는 사람이 많다. '선유'란 뱃놀이다. 옛 선비들은 뱃놀이 후에는 반드시 '선유록船遊錄'을 남겼다. 참가자의 신상정보와 함께 선상船上 시회詩會의 모든 진행 상황을 상세하게 기록했다. 선유를 통해 학문적으로 교류하며 우의를 다졌다. 선비들의 뱃놀이는 단순한 유흥이 아닌 집단 창작 퍼포먼스였다.

금호선유문화琴湖船遊文化와 다사

금호강과 낙동강 강변에 있는 서원, 정사, 정자를 오가기 위해 학자와 선비, 시인묵객들은 주로 배를 이용했다. 그러다보니 당연히 뱃놀이도 성행하게 되었다. 다사지역 선유船遊의 역사는 신라시대부터 시작된다. 다사의 역사를 기록한 고문헌은 다수가 전해진다. 그중에 가장 오래된 『삼국사기三國史記』에는 '하빈현河濱縣 본다사지현本多斯只縣 경덕왕개명景德王改名 금인지今因之'라고 기록되어 있다. 이것은 신라 경덕왕이 서기 757년에 지명을 '다사지현多斯只縣'에서 '하빈현河濱縣'으로 고쳤다는 내용이다. '다사多斯'라는 지명은 신라어新羅語로 물水·河을 의미하는 것이다. 다사는 낙동강과 금호강이 합강合江하는 지역으로 대부분의 마을里이 하천을 끼고 있는 지역적 특성 때문에 이런 지명이 붙여진 것으로 판단된다. 다사지역이 선유문화가 오래전부터 발달할 수 있었던 것은 낙동강과 금호강을 끼고 있기 때문이다. 신라왕은 낙동강에 배를 띄워 다사 강정마을과 화원동산을 오가며 유람했다. 선유문화船遊文化의 기원起源은 이천리伊川里 선사仙槎에서 찾을 수가 있다. '선사'는 '신선神仙이 뗏목을 타고 놀았다'는 의미로 풀이된다. 여기서 신선은 유선儒仙으로 불렸던 고운孤雲 최치원崔致遠(857년~?) 선생을 말한다. 최치원崔致遠(857년~?)선생은 이천 선사仙槎에서 뗏목을 타고 유람했다.

   금호강과 낙동강은 풍광이 빼어난 곳이 많다. 송담松潭 채응린蔡應麟(1529~1584년)의 소유정小有亭과 압로정狎鷺亭, 전응창全應昌(1529~1586년)의 세심정洗心亭, 윤대승尹大承(1553년~?)의 부강정浮江亭, 낙애洛涯 정광천鄭光天(1553~1594년)의 아암정牙琴亭, 태암苔巖 이주(1566~1604년)의 환성정喚醒亭, 낙포洛捕 이종문李宗文(1566~1638년)의 하목정霞鶩亭, 아암 윤인협의 영벽정 등의 정자가 16~17세기에 집중적으로 건립되었다.

   사가정四佳亭 서거정徐居正(1420~1488년)의 '달성십경達城十景' 중 제1경 금호범주琴湖泛舟를 보면 금호강 선유船遊의 한 단면을 알 수 있다.

琴湖淸淺泛蘭舟	금호의 맑고 얕은 곳에 목란 배를 띄우고
取次閒行近白鷗	차츰차츰 한가로이 백구 곁으로 다가가네.
盡醉月明回棹去	달 밝은 밤 한껏 취해 노 저어 되돌아가니
風流不必五湖遊	오호五湖가 아니라도 풍류를 즐길 수 있네.

금호琴湖와 서호병십곡西湖倂十谷

서호西湖는 금호琴湖의 별호別號이다. 진사 서호西湖 도석규都錫珪(1773~1837년)는 금호강이 호수처럼 펼쳐져 선경을 이루고 있는 이곳이 대구의 서쪽에 있다고 서호 라고 이름 짓고 자신의 자호도 서호라 했으며 서호병십곡西湖倂十谷을 남겼다. 최원관 다사향토사연구회장은 서호

처마와 낙동강

병십곡이 서호 도석규의 작품이 아니고 작자미상이라고 주장한다. 그는 "서호병십곡은 서호 도석규의 문집인『금남문집』에 없고, 성주도씨 용호문중이 발행한『서재춘추』(1999년)에도 작자가 명시돼 있지 않다"라고 주장한다. 추후 연구가 필요하다. 서호병십곡西湖倂十谷은 금호의 명승지를 배를 타고 거슬러 올라가면서 십곡十谷을 노래 한 것이다. 그 배경은 현재 대구시 달성군 다사읍多斯邑의 금호강 구역으로 한정되어 있다.

〈제1곡 부강정浮江亭〉

一曲浮江江水流　　첫째, 강가에 부강정浮江亭이 있는데
尹翁已去李翁休　　윤尹옹은 가고 이李옹이 머무른다네.
悠悠人事成今古　　유유자적悠悠自適하던 일이 옛일이 되었으니
回首平沙問白鷗　　머리 돌려 모래펄의 물새에게 물어볼거나.

〈제2곡 이락정伊洛亭〉

二曲船臨伊洛亭　　둘째, 배가 이락정에 다다르니
慕寒彌樂畵丹靑　　한강寒岡 낙재樂齋 두 분을 기리는 단청丹靑이 있다네.
棹歌恍若聞來耳　　뱃노래가 귀에 어슴푸레하게 들려오는 것 같고
九室群聳萬古醒　　구실九室 중에 우뚝하여 만고의 스승이라.

〈제3곡 난가대爛柯臺〉

三曲爛柯椅問之　　셋째, 난가대에 기대어 묻나니
仙槎遺事罕能知　　고운孤雲의 선사 유적 아는 이 드물구나.
伽倻千載無消息　　고운은 가야산에서 천 년 동안 소식이 없고
江上秋雲似漢時　　강가의 가을 구름만이 아득하기만 하네.

〈제4곡 이강서원伊江書院〉

四曲伊江院宇新	넷째, 이강서원이 건립되어
數株檀香複爲春	여러 그루의 향나무가 다시 봄을 맞는구나.
深衣大帶簞瓢樂	신분은 높았으나 검소하게 지냈으니
吾祖當年見得眞	당시 우리 선조의 진상眞相을 알겠구나.

〈제5곡 가지암可止巖〉

五曲停船可止巖	다섯, 배를 가지암에 정박하니
玄猿白鹿踏三三	상스러운 짐승들이 삼삼오오 다니네.
岩岩維石垂千仞	큰 덩어리 바위가 천 길 절벽을 이루고
一道長江氣像涵	한줄기 긴 강이 기운찬 가지암을 포용하는구나.

〈제6곡 동산東山〉

六曲東山似畫圖	여섯, 동산은 한 폭의 그림 같으니
八君子出享龍湖	용호에서 팔군자 봉향하네.
絃歌俎豆寥寥久	제례악祭禮樂이 끊긴 지 오래되었으나
浩湯風煙鳥樂娛	해 뜨는 흐릿한 기운에 새들이 노래하네.

〈제7곡 와룡산臥龍山〉

七之曲出臥龍山	일곱, 와룡산이 드러나니
宰駕三云顧此問	유비劉備의 삼고초려三顧草廬를 여기서 묻는구나.
中道崩年臣亮淚	제갈량은 충의를 지키며 패자의 눈물을 흘리고
漢家天祚不重還	한漢나라 천운天運은 다시 돌아오지 않았네.

〈제8곡 은행정銀杏亭〉

八曲船停夕日斜　　여덟, 배를 은행정에 정박하니 석양이 비치고
銀亭堪連野杏家　　은행정에는 많은 은행나무가 둘려져 있다네.
江上騎牛仙不返　　강가에는 소를 탄 신선은 돌아오지 않는데
至今人讀臥梅花　　지금껏 모두가 와룡산 매화나무만 말할 뿐이네.

〈제9곡 관어대觀魚臺〉

九曲臨江不作臺　　아홉, 강가 관어대에 이르진 못하였으나
一篙春水鑑如開　　상앗대 드리운 강 물속은 거울 같구나.
觀魚不達觀魚理　　관어대를 오르지 않았으나 관어대라 할만한고
最恨先生去後來　　한강寒岡 선생이 가신 후 찾은 것이 한스럽구나.

〈제10곡 사수빈泗水濱〉

十曲維舟泗水濱　　열, 사수泗水 가에 배를 대니
汪洋吾道萬年新　　광대廣大한 유교는 한결같이 새롭구나.
翔鱗活發天機定　　만물이 활발하고 자연이 순행하는 것은
宛在中央知性人　　이곳에 지성인이 뚜렷하게 있었기 때문이네.

금호선사선유琴湖仙査船遊와 선유시船遊詩

금호琴湖는 조선시대의 하빈현河濱縣의 별칭別稱으로 현재 다사읍多斯邑 하빈면河濱面 지역을 말한다. 선사仙査는 현재 다사읍 이천리伊川里에 이강서원伊江書院이 위치한 일대를 말하는 지명

이다. 서유도船遊圖는 뱃놀이를 그린 것이다.

다사읍 이천리 선사仙査는 신라시대 사찰 선사암仙査菴이 있던 유서 깊은 곳이며 고운孤雲 최치원崔致遠(857년~?) 선생이 머물렀던 곳으로 세연지洗硯池·무릉교武陵橋·난가대爛柯臺가 있었다고 『대구읍지大丘邑誌』, 『여지도서輿地圖書』 등 지리서에서 전한다.

여기에 임하林下 정사철鄭師哲(1530~1593년) 선생이 서재書齋를 세워 독서하며 후학을 가르치다가 임진왜란을 맞아 폐허가 되었다. 선조 32년(1599년)에 낙재樂齋 서사원徐思遠(1550~1615년) 선생이 선사에 살면서 다시 강학소를 지어 후생을 훈도薰陶하였다.

1601년 3월 23일 낙재樂齋 서사원徐思遠은 감호鑑湖 여대로呂大老·여헌旅軒 장현광張顯光·죽오竹塢 곽대덕郭大德·낙포洛浦 이종문李宗文·수암守庵 정사진鄭四進·양직養直 도성유都聖俞 등 22인과 더불어 선사에서 금호선유琴湖船遊를 하였다. 이날 사용한 운자는 주자의 무이정사잡영 중에 들어 있는 '어정'이라는 시였다. 어정은 20자로 이루어진 오언절구였으므로 20명이 그 시구에 쓰인 글자를 배정받았다. 그러나 시를 완성한 사람은 15명이고 나머지 5명은 시를 짓지 못했다. 이날 모임 기록은 여대로의 문집 감호선생문집에 '금호동주시서'라는 제목으로 실려 있다. 이때 시를 지은 15명의 시는 낙재의 낙재선생문집 권1에 모두 실려 있다.[1]

〈서사원徐思遠〉

春殘恨不堪　　떠나는 봄 잡을 수 없음이 못내 아쉬워,

滿載烟霞出　　자연의 풍광風光 가득 싣고 뱃놀이 가네.

心人自東南　　마음 맞는 이 여기저기서 찾아왔는데,

雲霧欣初豁　　구름안개도 활짝 개어 기분 좋구나.

伊洛始沿泝　　이락伊洛의 물결을 거슬러 오르는데,

1　팔거역사문화연구회, 『금호강 선유 및 누정문학』, 팔공신문 출판사업부, 2017. 15편의 원문과 번역시는 이 책에 수록된 것이다.

源泉期濬發	깊은 연원淵源을 보기를 기약하네.
麗日爲明娓	화사한 햇살 밝게 비취고,
光風振林越	따스한 바람 숲을 흔드네.
搖搖入銀漢	우리의 배는 흔들흔들 은하수 속으로 들어가,
直抵探月窟	바로 달 속에 있는 궁궐에 도달하는 듯하구나.
淸風生兩腋	맑은 바람이 두 겨드랑이 사이에서 일어나니,
醉挾飛仙忽	문득 날아가는 신선을 잡고 있는 듯하네.

〈여대로呂大老〉

收拾春光盡	봄빛을 모두 거두어,
滿却孤舟載	배 위에 가득 실었네.
乾坤百戰餘	천지는 많은 전란 겪었는데,
山河無恙在	산하는 탈 없이 남아 있구나.
沿洄擊公明	물결을 치며 노를 저어 물길을 따라가니,
連天流洸洸	하늘에 닿은 물결 넘실넘실 흐르네.
飄飄任所之	흔들흔들 흘러가는 대로 맡겨두니,
萬頃凌滄海	만경창파는 푸른 바다 같구나.
儒仙去不返	이곳에 놀던 유선儒仙[2]은 돌아오지 않지만,
景物如我待	풍경은 나를 기다리고 있는 듯하네.
三盃豪氣發	석 잔 술에 호기가 일어나니,
宇宙皆度內	우주가 모두 내 마음속에 있네.

---

2 유선(儒仙)은 선비이면서 신선의 풍모를 지닌 사람을 말하는데, 최치원(崔致遠)을 일컫는 별칭으로 흔히 쓰인다. 이 시에서도 최치원을 가리키는 것으로 보인다. 이곳 선사(仙槎)에 최치원이 살았다는 전설이 전해온다.

〈장현광張顯光〉

追思昨日遊	어제 한 뱃놀이 돌이켜 생각하니,
事過意何長	지난 일이지만 그 뜻은 유장하도다.
長幼數十人	어른과 젊은이 수십 명이,
一船爲醉鄕	함께 배를 타고 술에 취하였네.
隨風縱所如	바람 따라가는 대로 내버려두니,
去去迷其方	갈수록 방향을 알 수 없었네.
悠悠箇中樂	그 속에 한없는 즐거움 있었는데,
豈但在詠觴	어찌 다만 시와 술 때문이었으랴.
暮投江上村	해 지고 강 마을에 투숙했는데.
梨花來遠香	배꽃 향기 멀리서 풍겨왔었지.
曉起囑諸勝	새벽에 일어나 여러 벗에게 부탁하기를
玆遊永不忘	이번 놀이 영원히 잊지 말자 하였네.

〈이천배李天培〉

淸流涵麗景	맑은 강물 속에는 아름다운 경치 담겨 있고,
遠峀生雲烟	먼 산에서는 구름안개 일어나네.
柔櫓擊空明	부드럽게 물결을 저으며 가는데,
滿船具英鉉	어진 선비 배 안에 가득하도다.
搖搖棹復棹	흔들흔들 노 젓고 다시 젓는데,
點點山連山	점점이 산이 있고 또 산이 있네.
雲影淨如掃	구름은 씻은 듯이 사라져 버리고,
天光凝碧蓮	하늘빛이 푸른 물에 엉겨 있구나.
撑蒿驗用力	대나무 상앗대 힘껏 저어 나아가다가,

俯仰知淵天	위아래 살펴보고 깊은 근원이 있음을 알았네.
豪思若雲涌	호탕한 생각이 구름처럼 솟구치니,
此身挾飛仙	이 몸이 신선을 끼고 날아가는 듯하네.

〈이규문李奎文〉

長風輕帆遠	돛단배 바람 타고 가볍게 나아가니,
直向桃源洞	곧바로 도원동에 이르렀도다.
滿載烟霞趣	자연의 흥취를 배에 가득 실었는데,
扁舟知幾重	조각배가 얼마나 더 무거워졌을까.

〈송후창宋後昌〉

春江生夜雨	봄날 강에 밤비가 내리던데,
桂楫問何歸	묻노니 노 저어 어디 가는고?
粉壁危松倒	하얀 절벽에는 소나무 매달려 자라고,
古亭芳草菲	해묵은 정자에 풀이 우거졌구나.
滿船仙客輩	배에 가득한 신선 같은 선비들,
應懷德星輝	빛나는 덕망을 품고 있으리라.

〈장내범張乃範〉

我家在洛上	우리 집은 낙동강 상류에 있는데,
歸舟幾日粧	돌아갈 배는 며칠 있어야 하리라.
波濤何杳茫	물결이 얼마나 멀고도 먼지,
津涯難可量	나루터 있는 곳 헤아리기 어렵네.
今來泛此湖	오늘 여기 와서 이 호수에 배를 띄우니,

山高水自洋	산은 높고 물은 저절로 넓기도 하구나.
度內鳶魚理	솔개 날고 물고기 뛰는 이치를 생각하는데,
無邊楊柳光	햇살 속에 버드나무 끝이 없구나.
少者眞易解	젊은이들 참으로 쉽게 생각해서,
溪山勝滄浪	시내와 산이 바다보다 낫다고 하네.
無寧人不識	차라리 남들이 몰라주더라도,
何不學海長	바다의 유장함을 배워야 하지 않겠는가.

〈정사진鄭四震〉

紅花落紛紛	붉은 꽃 분분하게 떨어지고,
白鳥飛片片	흰 새는 훨훨 날아가네.
東湖春欲暮	동호에 봄이 저물어 가는데,
放舟因風便	배를 띄워 바람 따라가도다.
新酒樽中滿	새로 담은 술은 술동이에 가득하고,
知心蓬底遍	친구들은 거룻배 안에 가득하네.
鼓枻浮江去	뱃전을 두드리며 강 위에 떠서 가니,
淸風來水面	맑은 바람 물 위로 불어오도다.

〈도성유都聖俞〉

日暮輕櫓疾	해 질 무렵 빠르게 노 저어 가노라니,
疑聞楚峽猿	초나라 협곡에 원숭이 소리 들리는 듯하네.
巖花紅綺爛	바위 위에 핀 꽃은 붉은 비단처럼 찬란하고,
汀柳綠袍翻	물가의 버들은 푸른 도포처럼 흔들거리네.
追陪作高會	어른들 모시고 좋은 모임을 여니,

綢繆情更敦	얽힌 정이 더욱 돈독하구나.
何幸于戈後	얼마나 다행인가 전쟁이 끝나서,
重傾酒一罇	다시금 술잔을 기울일 수 있으니,
閒分白鳥雙	한가로운 흰 새들은 쌍쌍이 날아가는데,
心逐孤雲奔	내 마음도 구름을 따라 흘러가네.
收將不盡意	다 펼치지 못한 생각을 거두어들여,
更泝伊洛源	다시금 이락伊洛의 근원을 거슬러 올라가네.

〈정수鄭錘〉

芳洲風景好	꽃 있는 강가에 풍경이 아름답고,
白鳥方鶴鶴	백로는 학처럼 희디희구나.
桃花逐水紅	복숭아꽃 강가에 붉게 피어 있고,
楊柳綠江綠	버드나무는 강변 따라 푸르네.
道人樂鳶魚	군자들은 연비어약鳶飛魚躍[3]
小子懼茅塞	젊은이들은 마음이 흐려질까 걱정하네.
從容陪談話	조용히 어른 모시고 담화하면서,
醉酒又飽德	술에 취하고 덕 있는 말씀에 배불러지네.
高會是萍逢	고상한 모임에서 우연히 만났는데,
後面何由續	뒷날 어떤 일로 계속 만날 수 있을까.
江風吹西日	해질녘에 강바람은 부는데,
簫灑興不俗	상쾌한 이 모임 고상한 흥이 있네.

---

3 솔개가 날고 물고기가 뛴다는 뜻으로, 천지간에 약동하는 만물의 실상을 비유한 말이다. 『중용장구』 제12장에 "시에 이르기를 '솔개는 날아서 하늘에 이르고, 물고기는 못에서 뛴다'라고 하였으니, 상하에 이치가 밝게 드러남을 말한 것이다(詩云鳶飛戾天 魚躍于淵 言其上下察也)"라는 말이 나온다.

〈도여유都汝兪〉

光風三月暮	따뜻한 바람 부는 삼월 저물 때,
邂逅東南友	사방에서 모여든 벗을 만났네.
滿載一葉船	일엽편주 작은 배에 가득히 타고,
繫馬巖邊柳	바위 옆의 버들에 말을 매었네.
唱和百編詩	백 편의 시를 지어서 창화하고,
自酌一罇酒	한 동이의 술을 나누어 마시네.
先生樂有餘	선생님께서 매우 즐거워하시고,
小子分左右	우리들은 좌우에 나누어 앉았네.
濯足淸江上	맑은 강물에 발을 씻었으니,
何羨羊裘叟	양가죽 옷 입었던 사람⁴ 무엇이 부러우랴.
只恨分袂去	다만 한스러운 것은 오늘 이별한 뒤에,
何處追先後	어디에서 다시 만날 수 있을까 함이로다.

〈서사선徐思選〉

孤舟放夕風	저녁 바람 속에서 배를 띄우고,
忘却人間多少愁	세상의 여러 근심 잊어버렸네.
憑虛浩浩然	넓고 넓은 허공에서,
任隨派邊閒白鷗	갈매기는 물결 따라 한가롭게 날아가네.
水綠欸乃聲	뱃사공 노래하고 물은 푸른데,

4　양가죽 옷 입었던 사람. 후한(後漢)때의 은사(隱士) 엄광(嚴光)을 지칭한다. 『후한서』 '엄광전(嚴光傳)'에 "후한(後漢) 때의 은사 엄광(嚴光)은 어려서부터 고명(高名)이 있었으며 무광제와 함께 유학하였는데, 광무제가 즉위하자 엄광(嚴光)은 성명을 바꾸고 은거하여 다시는 만나지 않았다. 광무제가 그의 어짊을 생각하여 그를 찾도록 명하였는데, 엄광(嚴光)은 양가죽 옷을 입고 동강(桐江)의 늪지에서 낚시하고 있었다"고 한다.

風輕楊柳洲	물가의 버드나무에 가벼운 바람 스치네.
仙査初解纜	선사仙査에서 닻줄 풀고 출발하여서,
晩向浮江浮	저물녘에 부강정浮江亭을 향하여 가네.
中分二水間	금호강 낙동강 나뉘는 곳 부근에서,
坐客皆仙流	신선 같은 분들이 배 타고 가네.
何處見天心	어디에서 하늘의 마음을 볼 수 있을까?
潑擲銀鱗遊	물고기는 뛰어오르며 놀고 있구나.
紅花杳然去	붉은 꽃이 아득히 떠내려가니,
桃源此耶不	이곳이 무릉도원이지 않을까?
聚散水東流	모였다 흩어져도 물은 동으로 흐르니
後會期以秋	가을에 다시 만남을 기약하노라.

〈이흥우李興雨〉

江洲春欲暮	강가에 봄이 가려고 하는데,
江山皆勝絶	강산은 모두 경치가 뛰어나구나.
道義四五賓	도의로 사귀는 몇 명의 손님들,
佳辰二三月	이삼월 봄날에 만나게 되었네.
同舟下中流	함께 배 타고서 강물 따라 내려가며,
欸乃歌數闋	뱃노래 몇 곡을 불러보았네.
範急千山遠	돛단배 빠르니 산들이 멀어지고,
棹搖萬頃濶	노 저어 가는데 만경창파 넓구나.
淸風左右至	맑은 바람 좌우에서 불어오는데,
香煙起欲滅	안개는 일어났다 다시 사라지려하도다.
風光無限好	풍경이 한없이 좋기는 하나,

只恨明朝別　　내일 아침 이별이 한스럽구나.

〈박증효朴曾孝〉

暮烟起春江　　봄 강에 저녁 안개 피어나는데,
空明擊孤棹　　노를 저어 물결을 치며 나아가도다.
舟中滿神仙　　배 안에는 신선들이 가득히 있고,
晚山春已老　　해질녘 산에는 봄이 저물고 있네.
水面花亂落　　수면에는 꽃들이 어지러이 떨어지니,
眼前風景好　　눈앞에 풍경이 더욱 좋구나.
淸風左右至　　맑은 바람이 좌우에서 불어오니,
孤帆歸晚浦　　돛단배 저물녘에 포구로 돌아가네.
借問今日會　　묻노라. 오늘 이 모임에서,
興味知多少　　흥겨운 맛이 어느 정도였는가?

〈김극명金克銘〉

有朋自遠方　　벗들이 먼 곳에서 찾아와,
泛泛聞棹歌　　배를 타고 가면서 뱃노래 듣네.
靑靑楊柳色　　버드나무 색깔은 푸르디푸르고,
灼灼桃李花　　복숭아 자두꽃은 활짝 피었네.
杳然雙白鷗　　저 멀리 갈매기 짝지어 날고,
蒼茫千頃波　　만경창파 물결은 아득하구나.
膾細翻霜鍔　　흰 칼날 번득여서 가늘게 회를 치니,
紅肥散綺羅　　붉은 살점 비단처럼 나누어지네.
飛觴亂無巡　　어지러이 술잔을 주고받으니,

不覺朱顏酡	어느덧 얼굴이 붉어졌구나.
中流任所如	중류에서 물결 따라 흘러서 가니,
疑是愼選耶	이곳이 바로 신선 세계 아니던가.

금호선사선유도琴湖仙槎船遊圖

조선시대 영남지역 선비들의 선유는 학문적 원기를 재충전하는 휴식의 과정이자 상호 연대와 단합의 자리였다. 선유문화가 낙동강을 중심으로 형성된 것은 낙동강 주변의 선비들이 낙동강 주변 지역에서 학문적 동질성을 형성하는 학파의 형성기인 16세기부터 본격화하기 시작했고, 17세기에 보편화되었다. 천리千里를 상회하는 낙동강의 유역 중에서도 선유문화가 화려한 꽃을 피운 곳은 낙동강 중류 지역이었고 이런 문화를 양성한 인적 집단은 한강寒岡 정구鄭逑, 여헌旅軒 장현광張顯光이 중심이 된 선비들이었다. '금호선사선유도'는 이러한 낙동강 주변 지역 선비들의 선유문화를 기록한 소중한 그림이다.

「금호선사선유도」

「금호선사선유도琴湖仙槎船遊圖」는 대구·경북 지역 선비 23인이 1601년

3월 23일 선사에서 부강정浮江亭까지 뱃놀이를 한 사실을 기록한 그림이다. 선유도는 다사 지역을 그린 그림 중에 가장 오래된 그림이다. 「금호선사선유도」의 구성을 살펴보면 화면의 상단에 '금호선사선유도'라는 화제가 있고 화제 우하에 '주회암(회암은 주자의 호)선생시朱晦庵先生詩'라는 묵서가 있고 바로 아래 주자의 어정시漁艇詩가 있다. 그리고 '분음각득일자分音各得一字'라고 기록해 놓았는데 이는 주자의 어정시를 분운분자分韻分子하여 참여한 선비들 23명 중 15명이 분음한 한 자씩을 가지고 한시 15수를 지은 것을 기록한 것이다. 따라서 그림의 상단에 있는 글씨들은 행사에 참석한 선비들의 좌목과 주자의 어정시를 분운하여 총 글자 20자를 한 자씩 운으로 하여 참석한 선비들이 지은 시를 기록해 놓은 것이다.

〈주자의 어정시漁艇詩〉

出載長烟重　나갈 때는 짙은 안개 자욱하게 내려앉았고

歸裝片月輕　돌아올 때는 한 조각 가벼운 조각달을 싣고 오네.

千巖猿鶴友　수많은 바위는 원숭이와 학의 친구이고

愁絶棹歌聲　뱃노래 소리에 근심이 사라지네.

　　화면 중앙에는 선사仙查일대 금호강가에서 선유를 하면서 시회를 하는 장면을 묘사했고, 하단에는 감호鑑湖 여대로呂大老가 찬한 서문인 '금호선사선유도서琴湖仙查船遊圖序'가 묵서로 기록되어 있다. 이 서문은 선유에 참석한 선비 중에서 최연소자인 21세 김극명의 요청으로 여대로가 지은 것이 서문에 나와 있다. 그 내용을 요약해서 의역하면 다음과 같다.

　　행보(서사원)의 이천伊川별장은 낙동강과 물이 합치하는 곳인데 어찌 이러한 곳에 별장을 지었는고, 덕회(장현광)는 행보와 뜻이 같은 벗인데 덕회가 옥산에서 서사원의 별장에 오니까 많은 선비가 모여들었다. 주자의 뱃놀이와 같이 하면서 주자의 어정시 20자를 운으로 나누어 시를 지으면서 재미있게 지내다가 헤어지니 아쉽구나. 이에 김극명이 서문을 지어달라고 청하므로 서문을 짓는다.

신축(1601년) 늦은 봄 3월 23일 성산 후학 감호鑑湖 조도釣徒 여대로呂大老 서序[5]

금호선유문화축제

다사의 선유문화는 1천년의 역사를 가지고 있다. 2019년 8월 16일에 시작된 '다사선유문화축제'는 전통적인 선유문화를 계승하면서도 내용이 알찬 차별화된 축제문화로 발전하고 있다. 학술대회, 시화전, 시 낭송회, 달빛 걷기대회, 소원배 띄우기, 선유문화연구조사, 지역 문중문학작품번역과 해석, 선유문화유적심포지엄 등의 행사를 진행하고 있다. 축제는 관란대觀瀾臺 아래인 강창교江倉橋 둔치와 문산리 영벽정暎碧亭, 신라왕이 유람한 유서 깊은 지역인 옛 부강정俯江汀 자리에 위치한 디아크 등에서 동시에 열린다. 2021 금호선유문화연구보존회 정군표 이사장은 "낙동강과 금호강이 합강하는 금호 지역은 우리들 삶과 풍류, 문학이 강과 공존하는 선유문화가 1천300여 년 역사와 함께 유유히 흐르고 있습니다. '낙동제일강산'이 말해주듯 영벽정은 낙동강 700리 중에서 가장 아름다운 곳입니다. 눈을 들어보면 비슬산 아래 탄주대에서 태어난 금빛 달기둥은 바다 같은 낙동강을 넘어 가야산을 휘영청 밝히고 사라집니다. 이런 아름다운 곳에서 전국의 시인 묵객이 매년 7월 기망일에 2박 3일을 유숙하며, 시를 읊고 강론하였다고 합니다"라고 했다. 달성군과 다사읍 일대는 수많은 유무형의 문화자산이 산재해 있으며, 풍부한 콘텐츠와 스토리텔링 소재를 보유하고 있어 향후 전국적인 경쟁력을 가진 축제로 성장할 잠재력을 가지고 있다. 2019년 금호선유문화축제가 시작된 이후 달성군과 대구·경북에 사는 시인들이 창작하거나 제출한 영벽정과 낙동강 관련 시들을 뽑아 보았다. 1601년의 낙재 서사원 선생이 주최한 금호선유에서 나온

---

5 이상국, 「조선시대 선유문화와 선유도」(그림 설명과 해설문 인용), 『월간민화』, 2015.

시와 오늘의 시인들이 지은 시를 함께 음미해 보면 400년이 넘는 긴 시간이 한순간에 연결되며 어제와 오늘이 가슴 뿌듯한 자부심으로 다가옴을 느끼게 된다. 금호선유문화축제 소책자에 실린 금호강, 낙동강, 영벽정 관련 몇 편의 시를 모았다.

〈영벽정에서〉 문무학

윤 사월 스무닷새 증조모 제삿날에
파평윤씨 신위 모셔 잔 들어 올렸는데
나 오늘 증조할머니 그 핏빛을 더듬네.

산빛 물빛 무장 좋은 이 터에서 바라보니
낮은 것은 낮은 데로 높은 것은 높은 데로
하늘빛 구름 그림자 끌어안은 영벽정.

묵향 속 글 읽는 소리 은은히 퍼져나가
회화나무 나이테에 겹겹이 감기다가
칠백리 물결에 떠서 윤슬로 반짝이고...

넘침도 모자람도 하나 없는 이곳에
위리안치圍籬安置라도 견딜만한 이곳에
황혼은 또 어찌하여 저렇듯이 고운가.

그 까닭 모르고야 여길 어이 떠나랴

생각에 생각 꿰어 먹을 갈 듯 짚어보니
하룻날 마지막같이 빛날 삶을 살라네.
파평윤씨 큰할매의 사진 한 번 못 봤어도
영벽정 와서 보니 그려도 그리겠네
낙동강 물빛을 담은 정 넉넉 그 얼굴을 …

〈영벽정 저녁놀〉 이종문

비슬산 가야산이 낙동강에 와서 노는 영벽정 십리 길을 황혼녘에 걸어갈 땐
마음을 바짝 다잡고 조심해야 하는 거라

천지간 고추장을 처바르는 저녁놀의 지랄발광 벅구통에 혼이 빠져 걷다 보면
영벽정 돌담머리에 이마를 쿵, 박는 거라

허기사 이마 박고 뒤로 발랑 나자빠져 눈에 불이 번쩍 뜰 때 미처 뛰는 놀을 함 봐,
참말로 기막힌 거라, 그래 박을 만도 하지

〈물 좋고 정자 좋은 영벽정은〉 손수여

기백 년을 하루같이 지키고 선 보호수,
마당에 저 회화나무가 말한다
파평 윤인협 공이 지었다는 여기 오르면

낙강물에 비치는 비취 하늘을 이고

'영벽정'의 이름 그대로 쪽빛 물빛은

일백 년이 지나도 사백 년이 지나도

아아 그 선비의 뜻같이 만세에 청청하리라

〈한 수 詩 강물에 띄워—다사 선유문화제〉 신표균

낙조 잠시 쉬었다 떠난 강물 위에

칠월 보름달 뿌리 내려

문산 하늘 높이 달기둥 괴었더니

돛 돋아 고이시고

상앗대 휘어지게

사공님 배 띄우시게

만만년 굽이굽이

강섶 붉은 두건, 흰옷 입은 백성들

젖줄 물려 온 낙동강

원근각처 선비님들

어화둥둥 벗님네들

선유시회 잔치 벌였어라

오백년 터 지켜 온

영벽정 회화나무 옹이 속 지닌 사연

한 수 詩 청대靑黛 푼 강물에 띄워

흔들리는 보름달 그림자 일부인 찍어

이백에게 부칠거나

두보에게 전할거나

〈바람앞에 서다〉 남주희

회화나무 노거수가

영벽정 담벼락에 얼굴을 묻는다

400여 년을 버틴 기와의 이끼가

바로 당신을 품은 기다림이었노라고

삐거덕거리는 마루 위를 올라서면

신선처럼 삭은 강물, 유유히 시간을 나르고

새들은 출렁출렁

그제처럼 바람의 살점을 더듬고

하늘의 빛과 구름의 그림자가 노니는 그곳

돌아서는 등허리에

긴 그림자 끌며

인고의 목숨 줄

묵묵히 내려놓는

〈영벽정 회화나무에게로〉 정이랑

음력 7월17일, 거기 가야하네
그의 잎사귀소리에 정신을 맞대면
달빛으로 등 쓰다듬어주기도 하는 곳
무엇을 더 가지고 싶은 것인가, 그대
발 동동 구르며 뒤 돌아보지 못하고,
어둠에 젖어드는 바람의 심장에도
눈물 한 방울 흘릴 줄 몰랐네
350년, 내력을 읽어낼 수 있을까
오늘 밤만은 그에게로 가서,
삼라만상 봇짐으로 짊어지고,
눈닫고 귀닫고 마음열고 지새워봐야겠네

〈회화나무에게 묻다〉 최애란

그늘 깊어 내게로 들었나요
녹색 들창 열어젖히면
강물 가득 푸른 달빛 출렁이는데요
팔짝대다 잠든 강물
저, 열나흘 달이 발끝까지 덮어 주는데요
붙잡은 깊이만큼 흔들린다며
달빛 떼어먹는 그대

그늘 짙어 내게로 들었나요

<회상> 문성희

말 몰고

배를 타고

영벽정 찾아와

잔잔한 물결 위에 돛단배 띄워놓고

달, 구름,

강바람을 안주 삼아

한잔 술로 노래하던 그리운 옛님이여

춤추는 강물 위로

길게 드리운 달그림자 세워놓고

달밤을 노래한 시인 묵객 어디 갔나

영벽정

회화나무 옛 추억이 그립구나

<인연비감> 박경채

영벽정 뜨락에 올라

문득 돌아서 보니

솟을대문 너머로

무심히 흐르는 낙동강

파평 윤문의 여식이었던

친정어머니도 가시고

문산 땅이 낳아 길렀다는

시어머니도 가셨는데

오래전부터 이어 온 듯

인연의 자리

파평 윤문의 영벽정이

문산의 월주를 반기고 있네

강물이 흐른다

내가 흐르고 있다

〈탕건〉 신혜지

하사받은 이름

영벽정 울타리에 앉았다

갓 쓴 선비들

풍류 읊을 때마다

꽉 낀 체통 단단했는데

안식에 들어서도

감투는 살아

탕건비에 모셔놓고

기망날

구풍 문산 월주를 즐기리

〈강둑길 가면〉 하청호

봄풀 돋는

강둑길을 걸어갑니다

하늘도 푸른 길 열어

따라옵니다

내가 강둑길 가고

그대 하늘 길 오면

하늘 한 자락

저 멀리 강둑길과 맞닿듯이

그리움의 끝 어디선가

그대 다시 만날까

꽃잎에 이름 새겨

마음 먼저 띄웁니다.

〈강정나루〉 김창제

달도 잠시 쉬었다 가는

출렁이는 물빛

숨은 기다림이다

강정 강정 강정 가자

뱃놀이 가자

모래사장 뛰놀던

코흘리개 누부야

지금은 뭐하고 사노

미루나무 한 그루 우두커니

나룻터 흔적을 지키면서

너를 기다린다

어린 날의 깊이로 강물은 흐르고

기다림의 높이로 달이 뜬다

보고 싶은 사람들 만나러

강정 강정 강정 가자

〈지구의 종말이 올지라도〉 서정길

음력 7월 17일, 거기 가야하네
그의 잎사귀소리에 정신을 맞대면
달빛으로 등 쓰다듬어주기도 하는 곳
무엇을 더 가지고 싶은 것인가, 그대
발 동동 구르며 뒤 돌아보지 못하고,
어둠에 젖어드는 바람의 심장에도
눈물 한 방울 흘릴 줄 몰랐네
350년, 내력을 읽어낼 수 있을까
오늘 밤만은 그에게로 가서
삼라만상 봇짐으로 짊어지고,
눈닫고 귀닫고 마음열고 지새워봐야겠네

〈깊은 강이 열어주다〉 이진엽

저문 낙동강에 달빛이 비치면
금빛 항아리 하나
물 위에 둥둥 떠서 가볍게 흔들리네
바람이 불 때마다
그 항아리에 푸른 물결 부딪쳐
맑고 깊은 울림 허공 가득 번져가네
아, 저 소리

새벽이 오기까지 풍경이 딸랑대듯

내 무명無明의 눈을 밤새 열어주려나

〈금호강〉 김청수

죽곡竹谷에서는 댓잎의 바람 소리도

강물 소리도 시처럼 들린다

비둘기 날갯짓 같은 구름이 시처럼 날고

해묵은 전설의 강물이 윤슬로 반짝이는

하늘 은혜에 감읍해 귀가 열린 죽순竹筍이 뿔처럼 자라

울창한 숲으로 변한 댓잎 소리길,

역마살로 뒤척이며 흘러왔던 금호강물도

오늘은 바람이 읽는 시경詩經에 귀가 순해진다

〈금호강〉 서하

물소리도 잠 못 드는 날 있을까

청오리 물주름 펴는 소리

구름이 멱감다 피라미 쫓는 소리

갈대 거문고 타는 소리 둥글게 퍼져나가는

풀잎이 되새떼가, 무태 뒷산 이팝꽃이

물속에 한 테두리로 좁혀져 엄니 젖가슴 푸는 소리

가물치가 양떼구름 속에 갇히다 말고 파다닥 물속을 빠져나왔다가

첨벙! 고개 처박는 소리

엄니 새 고무신과 바꿔먹은 달달한 오후가 강을 번쩍 들었다 놓는 소리

밤이 물속으로 들어가 잠자리 보는 소리, 소리, 소리,

떠내려간 그해 봄, 개구리발톱보다 작은 일에 큰소리 냈던 일

미안하다, 미안하다, 우물거리며

물소리 베고 누워도 잠이 오지 않는다

『아암실기』,
아암 윤인협 선생의
생애와 문학

『아암실기』, 아암 윤인협 선생의 생애와 문학

모든 정자는 서로 다른 모습과 느낌으로 다가온다. 정자가 서 있는 곳의 풍광이 다르듯이 정자를 설립한 인물의 학문적, 예술적 성향이 다르기 때문이다. 정자는 앞으로 더욱 다양한 방식으로 우리 정신문화의 깊이를 심화하는 촉매로 기능할 것이다. 정자를 테마로 하는 다양한 콘텐츠를 생산하기 위해서는 정자를 건립한 사람의 생애와 사상, 문학과 학문을 깊이 있게 이해해야 한다. 설립자와 동시대를 산 사람, 그곳과 인연을 맺은 사람들이 남긴 원본을 읽는 것은 매우 중요하다. 원전의 이해와 음미에서 나온 콘텐츠라야 힘과 설득력을 가지기 때문이다.

아암 윤인협의 생애와 사상, 그가 남긴 시, 영벽정 대청에 걸려 있는 시판, 상량문, 기문, 표성록 등 자료를 한문 세대가 아닌 후학들이 읽을 수 있도록 정리할 필요가 있다. 윤인협의 저술 대부분은 소실되었다. 다만 남아 있는 약간의 시고詩稿 등을 엮은 3권 1책의 『아암실기牙巖實紀』가 전한다. 문중이 가지고 있는 『아암실기』의 초역은 이해하기가 어려운 부분이 너무 많아 전면적인 재번역이 필요했다. 시고와 산문을 다시 번역하였다. 원문의 오자와 낱자도 찾아서 교정했다. 이 번역을 토대로 더 나은 번역이 계속 나오길 기대한다.

입향조를 모신 추원제 정문

추원제 배롱나무

추원제 내부

뒷산에서 바라본 추원제

1	4
2	
3	5

1 추원제 내부
2 추원제 내부 공덕비
3 추원제
4 추원제 앞 아암공 공덕비
5 추원제 서가

영벽정暎碧亭 입향조入鄕組 역사歷史

문산리汶山理 영벽정暎碧亭 문중門中 입향조入鄕調는 성균관成均館 진사進士 아암공牙巖公 휘諱 인협仁浹이다. 시조始祖 삼한벽상익찬공신三韓壁上翊贊功臣 삼중대광태사三重大匡太師 태사공太師公 휘諱 신달莘達의 21세손世孫이며 추충좌리평융推忠佐理平戎 척지진국공신拓地鎭國功臣 문하시중門下侍中 문숙공文肅公 휘諱 관瓘의 17세손世孫이며 추충익재좌명공신推忠翊載左命公臣 파평군坡平君 이조판서吏曹判書 소정공昭靖公 휘諱 곤坤은 그의 6대 조고이며, 중시조가 되며 판한성判漢城 부사府事 한성공漢城公 휘諱 희제希濟는 5대 조고이고, 통정대부通政大夫 공조참의工曹參議 참의공參議公 휘諱 은垠은 고조고이며, 통훈대부通訓大夫 좌통례左通禮 통례공通禮公 휘諱 사하師夏는 증조고이며, 도승지都承旨 목사공牧使公 휘諱 탕宕은 조고이며, 선무랑공宣務郎公 휘諱 응벽應璧은 아버지다.

　조상 대대로 공훈과 벼슬을 이어온 명문가 집안에서 부父 응벽應璧과 모母 옹진甕津 이씨李氏 사이에서 서기 1541년 음력 5월 25일 한성부 생가에서 탄생했다. 어릴 적부터 효와 예를 익히시면서 학문에 열중했다. 성년이 되어 서기 1560년 공이 20세 때 아버님을 따라 생전에 상주목사로 계셨던 할아버님의 임소를 방문하고 영남 일원을 유람하다가 하남리 지금의 문산리 낙동강변에서 산수에 홍감하여 마음에 두었다. 그 후 서기 1568년 28세 때 성균관 진사시에 합격하고도 벼슬길을 멀리하고 서기 1571년 31세 때 조모님과 부모님을 모시고 이곳 문산리에 낙향했다. 서기 1575년 35세 때 배配 성산星山 배씨裵氏 사이에서 오위도총관五衛都摠管 첨추공僉樞公 휘諱 경로耕老 아들을 낳았다. 후배後配 성산星山 배씨裵氏 사이에서 선교랑宣敎郎 휘諱 경민耕民 아들을 낳았으며 특히 가정에 법도가 엄하였다. 그 후 서기 1573년 33세 때 이곳 아금암에 정자를 창건하고 영벽정이라 현판 하였으며 당대의 석학인 임하林下 정사철鄭師哲, 송계松溪 권응인權應仁 등의 선비들과 정자에서 학문을 탐구했고, 배를 타고 시영을 즐겼다. 공이 지은 많은 시문이 전해져 오다가 화재로 인해 대부분이 소실되었다. 기망일이면 홍유 달관과 시인 묵객 선비들과 후학을 위해 학문을 연구했으며 1597년 57세에 서거했다. 문양리 서부곡 삼공산 임좌 언덕에 모셨다.

아암牙巖 윤인협尹仁浹 유허비遺墟碑

아암공의 시조는 휘 신달莘達인데, 고려 태조를 도와 삼한을 통합하는 데 큰 공을 세워 벽상삼한익찬공신삼중대광태사壁上三韓翊贊功臣三重大匡太師 벼슬에 올랐다. 5세조 휘 관瓘은 여진을 정벌하고 9성을 쌓은 공신이며, 6대조 휘 곤坤은 추충익대좌명공신파평군推忠翊戴佐命功臣坡平君으로 이조판서를 지내셨다. 고조부 휘 은垠은 통정대부通政大夫 공조참의판광주목사工曹參議判廣州牧使를 지냈다. 증조부 휘 사하師夏는 통례원좌통례通禮院左通禮를 지냈고, 조부 휘 탕宕은 장령교리익선掌令敎理翊善을 거쳐 상주목사를 지냈는데, 목사 재직 시 머리에 쓰는 수건을 고안하여 중종 임금에게 바쳤더니 임금이 그 명칭을 탕건宕巾으로 하라고 명명하였다. 부친의 휘는 응벽應璧이며 선무랑을 지냈다. 모친은 옹진 이씨이다.

아암공(1541~1597, 57세)은 서울에서 출생하여 1568년에 과거에 응시하여 진사시에 합격하였으나 관직을 멀리하였다. 선생은 상주목사인 조부의 임소에 왕래하며 영남의 산수를 둘러보다가 마음에 둔 대구부 하빈현 하남면(현재 다사읍 문산리)에 1571년 터전을 마련하였고, 1573년 영벽정을 지었다.

공은 형제자매와 우애롭게 지내고 가도를 엄격히 하니, 일가들도 공의 법도를 따랐다고 한다. 공은 지방 사람들과 교류하였는데, 특히 임하 정사철과 송계 권응인과는 시와 경시로서 서로 강론하였다. 공이 지은 많은 시문이 전해져 오다가 화재로 인해 대부분이 소실되었다.

『아암실기』의 체제와 내용

윤인협의 저술 대부분은 소실되고, 남아 있는 약간의 시고詩稿 등을 엮은 3권 1책의 『아암실기牙巖實紀』가 전한다. 『아암 실기』는 목판본이며, 3권 1책으로 구성되어 있다. 책 구성은 먼저 송병순宋秉珣이 지은 아암공실기 서문과 아암연보가 있으며, 1권에는 아암공이 지은 한시가 수록되어 있다. 일반적인 문집에 보이는 산문散文은 수록되지 않았는데, 당대의 저명한 학자가 남긴 산문이 전혀 없을 수가 없다. 그 이유는 전적들이 주손 집에 보관되어 전하다가 어느 해 화재로 인해 초고본이 소실되어 후대에 전하지 못하였다고 한다.

제1권에는 아암공이 지은 '영벽정원운'을 비롯하여 27수의 한시가 수록되어 있다. 5언 절구시가 24수이며, 7언 절구는 4수이다. 그 가운데 영벽정에서 주변의 경치를 묘사한 12수는 당시 아암공이 설정한 정자의 풍광을 연상하게 한다. 이어 아암공이 교유하며 지은 시가 수록되어 있는데, 당대의 명망가이자 이웃에 살던 임하林下 정사철鄭師哲과 송계松溪 권응인權應仁과 함께 낙동강에 뱃놀이하며 지은 한시가 전해지는 것은 주목할 만하다.

그 외 서울 한강의 배에서, 강릉 경포대와 구미 금오산 등지에 들러 읊은 한시도 아암공의 행적을 살펴볼 수 있다. 영벽정 주위에 있는 매화나 대나무 등 식물이나 낙동강에 노니는 물고기나 갈매기 등을 묘사한 경물시도 몇 수가 수록되어 있다.

제2권의 영벽정제영暎碧亭題詠 시는 총 42수인데 이 가운데 대부분은 7언 절구이며, 율시는 9수 정도이다. 이들 시는 영벽정에 와서 차운次韻하여 읊은 시인데, 아암공 당대에 지어진 시는 일부이지만, 후대에 지속적으로 시작詩作이 이어져 왔음을 알 수 있다.

문집 속의 42수에서 현재 영벽정 대청에 걸린 시는 절반에 가까운 22수다. 전하는 얘기로 예전에는 문집 속에 수록된 시판이 영벽정에 많이 걸려 있다가 근대에 지어진 시를 걸면서 이를 교체하고 교체된 시판은 따로 보관했다고 한다.

제3권의 내용은 아암공의 유사遺事와 행장行狀 묘포墓表 묘지墓誌 영벽정중수기暎碧亭重修記 2편, 영벽정중수상량문暎碧亭重修上梁文, 추원제기追遠齋記, 추원제상량문追遠齋上梁文, 입석고유문

立石告由文, 칙록摭錄, 발문跋文 2편이 수록되어 있다.[1]

아암연보 牙巖年譜

- 1세 : 1541년(중종 36년, 신축辛丑) 5월 25일에 한성부(서울) 집에서 출생하였다.
- 8세 : 부모에게 배움을 받고 효도와 우애의 도리를 부지런히 힘썼다.
- 15세 : 종형從兄인 죽재공竹齋公 인함仁涵이 명경明經과 병과(과거의 문과시험 등급 중 갑, 을, 병)에 선발되어 옥당玉堂[2]의 남상南床[3]에 들어갔다.
- 17세 : 자신의 수양을 위한 학문에 전념했고, 문장이 나날이 발전하였다.
- 20세 : 일찍부터 교남嶠南 산수의 승경지를 유람하다가 흔연히 과거 공부를 멀리하는 마음을 먹었다. 유사遺事에 의하면 선고先考 참봉공參奉公이 공을 데리고 조부 승지공承旨公의 상주尙州 부임소에 갔는데, 이때 공이 교남의 명승지를 유람하다가 뛰어난 산수에 흥감했다고 한다.
- 26세 : 집안을 거느림에 엄격하여 모범이 되었는데, 친족들도 모두 기준삼아 본받았다.
- 28세 : 1568년(선조 원년, 무진년) 진사進士 시험에 합격하다. 유사에는 선조조宣祖朝에 사마시에 합격하였으나 연월이 정해지지 않아 여기에 붙여 둔다.
- 31세 : 1571년 대구 하남리河南里에 복거卜居하다.
- 32세 : 백형 학생공學生公과 경향京鄕(서울, 대구)으로 갈라져 살다. 서울과 대구를 오가며 즐겼다.

---

1 전일주, 2021년 '금호선사선유문화 학술세미나'에 실린 『영벽정 제영 한시와 아암 윤인협의 '아암실기' 연구』에 있는 『아암실기』 체제 분석 인용, '아암연보' 작성에도 참고.
2 조선시대, 삼사(三司)의 하나로 궁중의 경서(經書)와 사적(史籍)을 관리하고 완에게 학문적 자문을 하던 관청.
3 홍문관의 정구품 벼슬인 정자(正字), 또는 그 벼슬아치가 앉는 자리. 홍문관의 관원들이 모임을 할 때, 정자는 남쪽의 상이 있는 곳에 앉았던 것에서 유래한다.

다사읍 문양리 윤인협의 묘

- 33세 : 1573년 영벽정暎碧亭을 짓다.
- 34세 : 서울에서 대구 하남으로 돌아오는 가운데 감회시感懷時를 짓다.
- 35세 : 아들 경로耕老 태어나다. 전부인 성산 배씨 소생이다.
- 36세 : 3월 2일 백부伯父 첨정공僉正公 돌아가시다.
- 38세 : 1578년 선고先考 참봉공參奉公이 돌아가시다. 묘소는 대구 하남면 서부곡에 있다. 아들 경민耕民이 태어나다. 계부인 성산 배씨 소생이다.
- 41세 : 1581년 종형 죽재공을 황주 동헌에 가서 뵙다. 이때 율곡 선생이 황주에 와서 몇 달간 머물렀다. 율곡 선생과 죽재공이 기쁜 마음으로 만났다.
- 42세 : 정죽시庭竹詩를 지어 탁세歲寒 한조持操를 지었다.
- 44세 : 호남에 유람 간 낙애 정광천鄭光天에게 시를 붙이었다.

- 46세 : 임하林下 정사철鄭師哲과 송계松溪 권응인權應仁과 낙동강에서 뱃놀이를 하다. 이때 지은 시가 남아 있다.
- 47세 : 강릉 경포대를 탐방했다.
- 48세 : 금오산에 유람하러 갔다가 야은 길재의 유적지를 둘러보다.
- 49세 : 가야산을 유람하다.
- 50세 : 자손들에게 "충효忠孝를 실천하여 욕되지 않는 도리를 행하라"고 훈계하였다.
- 51세 : 종질從侄 홍립弘立이 진사에 합격하다.
- 52세 : 1592년(임진년) 4월에 왜구가 침략하여 18일에 경주성이 함락하였다는 소식을 듣고 경주를 향해 눈물을 흘렸다. 10월 18일에 낙애 정광천과 함께 왜적을 피해 성주로 갔는데, 윤시수尹時秀와 박함창朴咸昌 경술景述을 고소동高所洞에서 만났다. 20일에 정낙애와 함께 내곡령乃谷嶺으로 거처를 옮겼다.
- 53세 : 경주 기세에 있었다. 윤11월 10일에 정낙애가 오다.
- 56세 : 이 해에 왜구가 물러가서 마침내 옛집으로 돌아오다.
- 57세 : 1597년(정유년) 10월 3일에 병으로 집에서 별세하였다. 대구 하남면 서부곡 임좌 언덕에 장사지냈다.

아암실기牙巖實紀 권지일卷之一, 유고遺稿, 시詩, 아암牙巖 윤인협尹仁浹

시詩

〈봄날 우연히 읊다春日偶吟〉

根窟還相遇   산속에서[4] 다시금 서로 만나서

---

[4] 원문의 근굴(根屈)은 운근월굴(雲根月窟)의 준말로, 깊은 산속을 뜻한다.

坐看依舊樹	의구依舊한 나무숲을 앉은 채 보니
閣深春晝永	누각은 깊숙하고 봄날은 긴데
麗景眼前聚	고운 경치 눈앞에 다 모여 있네.

〈강가 정자에서 달을 감상하며江亭翫月〉

琴書臥十年	거문고와 책 벗 삼아 은거[5] 십 년에
晚有江湖緣	늦게나마 강호와의 인연 있으니
可愛先天月	태초부터 있어 왔던 정겨운 달이
多情照我邊	다정하게 내 주변을 비추어주네.

〈아암정사에서 장난삼아 절구 12수를 짓다牙巖精舍戲題十二絶〉

誅茅結數椽	띠 풀 베어 몇 칸짜리 집을 짓고서
閒趣占流年	한적하게 흘러가는 세월 보내며
箇中優養意	그 안에서 넉넉하게 뜻을 기르니
風月浩無邊	청풍명월 가득하게 끝이 없어라.

〈정사精舍, 아암정사영벽정〉

珍重江上客	강가에서 자중자애自重自愛 사는 사람이
垂釣弄滄波	낚시하며 푸른 물결 가지고 노니
此樂終何極	이 즐거움 끝내 어찌 다할까 보냐
斜陽聽櫂歌	석양 무렵 뱃노래도 듣게 되는데.

---

5 원문의 와(臥)는 동산고와(東山高臥)에서 온 말로, 은거 생활을 뜻한다. 동산고와는, 뛰어난 경륜으로 명망이 높았던 진(晉)나라의 태부(太傅) 사안(謝安)이 젊은 나이에 관직을 사양하고 회계(會稽) 땅 동산에 은거했던 고사이다.

〈조어기釣魚磯, 낚시터 바위〉

隱淪復何求	은거하며 다시 무얼 구하겠는가
江湖有盟鷗	강호에는 약속 맺은 갈매기 있어
倦飛狎水檻	날다 지쳐 물가 난간 바짝 다가와
使我情悠悠	내 마음을 한적하게 만들어주니.

〈압구헌狎鷗軒〉[6]

幽人澹偃蹇	숨은 이가 담박하게 안거하면서
剩得林泉樂	자연 속의 즐거움을 한껏 얻으니
招招終不歸	불러내도 결국에는 나오지 않아
山靜桂花落	고요한 산 계수 꽃만 떨어진다네.

〈초은대招隱臺〉[7]

喚覺靈臺妙	오묘하게 이 한마음 일깨운 채로
惺惺坐主翁	정신 맑게 앉아 있는 주인옹이여.
那爲外物蔽	어찌 외부 사물로써 흐려지리오
造次勖眞工	한순간도 참 공부에 힘을 쓰거늘.

---

6 갈매기와 허물없이 친하게 지내는 집.
7 사람을 은거하도록 불러들이는 터. 초은(招隱)은 한(漢)나라 회남소산(淮南小山)의 초사(楚辭) 작품인 '초은사(招隱士)'에서 유래한 말로, 원작품에서는 산림에 숨어 사는 은사를 세상으로 불러낸다는 뜻이었다. 그러나 후대에는 좌사(左思)의 '초은(招隱)' 등의 영향으로 세속을 떠나 산림에 은거하기를 권하는 의미로 쓰인다. 대(臺)는 건물이 아니고 일정한 터를 말한다.

영벽정 서편 문

〈존성재存誠齋〉[8]

須知義理分	모름지기 도리 알기 분명히 하면
從此藹然生	이로부터 성대하게 일어나리니'
極處誠難追	궁극처는 정말 좇기 어렵거니와
孜孜啓課程	부지런히 공부 과정 열쳐 나가리.

---

8 성심(誠心)을 간직하며 사는 집.

영벽정 시판

〈문선와 聞善窩〉[9]

香蕚映秋檻　향그런 꽃 가을 난간 어우러져서

殊非桃李紅　복사 오얏 붉은 꽃과 전혀 다르니

却將多少趣　이 농후한 연꽃 사랑 취향 가지고

遠寄濂溪翁　멀리 염계濂溪 어르신[10]께 부쳐 드리리.

9　선을 들으며 사는 집.
10　송(宋)나라 학자 주돈이(周敦頤)를 가리킨다. 그가 지은 '애련설(愛蓮說)'에서 연꽃의 덕을 칭송하여 '꽃 중의 군자'라고 하였다.

〈애련지愛蓮池〉

特立冒霜雪	우뚝 서서 서리와 눈 무릅쓴 채로
胡爲貫四翠	이와 같은 너의 절개 나에게 옮겨
移渠如許節	어찌하여 사철 내내 푸른빛인지
永矢盤桓志	은거할 뜻 영원토록 맹세하노라.

〈무송반撫松畔〉[11]

卜我桑麻地	뽕과 삼을 가꿀 내 땅 잘 마련하여
遺安裕後昆	안녕 유산 후손들을 부유케 하니
願言百世下	원하건대 오랜 세월 지난 후에도
孝悌油然存	효도 우애 성대하게 잘 간직하라.

〈돈목당敦睦堂〉[12]

乘月幾相訪	달빛 틈타 몇 번이나 방문하여서
襟期洞與淸	깊고 맑은 마음 기약 나누었던가,
終宵樂未極	밤새도록 즐거움은 끝나지 않고
山水爲留情	산과 물이 우리 정을 머물게 하네.

〈회숙료會宿寮〉[13]

| 治圃非優樂 | 채소 경작 즐겁자고 한 게 아니라 |
| 祇爲晚契閒 | 늘그막에 한가함을 위한 것일 뿐 |

---

11 소나무를 어루만지며 산책하는 마당 가.
12 돈독하게 화목을 지키며 사는 집.
13 함께 모여 숙박하는 집.

| 有時來野客 | 이따금씩 시골 손님 찾아올 때면 |
| 呼僕採蔬還 | 종을 불러 나물 캐어 오게 한다네. |

〈학가포學稼圃〉[14]

澄影涵秋碧	맑은 물이 가을 하늘 담고 있어서
悠悠去不停	유유하게 흘러가며 쉬지 않는데
淸斯我自取	갓끈 씻기 나 스스로 취한 것이니[15]
也愜古人情	옛 성현의 그 마음과 딱 맞는다네.

〈탁영탄濯纓灘〉[16]

與鄭林下師哲 權松溪應仁 同舟偶吟	임하 정사철, 송계 권응인과 함께 배를 타고 가다 우연히 읊다
秋水斂長煙	가을 물에 긴 안개는 걷혀 가는데
聯襟孤棹沿	함께 앉아 한 척 배로 강 따라가니
活流徃續處	흐르는 물 이어져서 내려가는 곳
道體自然全	도道의 본체 자연스레 온전하여라.[17]

---

14 농사를 배우는 채소밭.

15 갓끈…것이니 : 어떤 동자가 "창랑(滄浪)의 물이 맑으면 얼굴에 닿는 갓끈을 깨끗이 씻는 법이고(淸斯濯纓청사탁영), 창랑의 물이 흐리면 더러운 발을 씻는다"라는 내용의 노래를 불렀는데, 공자가 그 노래를 해석해서 "이는 창랑 자신이 맑은지 흐린지에 따라 그 상황을 스스로 초래한(自取자취) 것이다"라고 하였다. 이에 대해 맹자는 "사람은 반드시 자신을 모욕하는 행위를 하고 난 뒤에 남들도 그를 모욕한다"라고 하여 스스로 책임이 있음을 강조하였다. 후대에, 갓끈을 씻은 것은 은사(隱士)의 깨끗한 삶을 나타낸다.

16 갓끈을 씻는 여울.

17 흐르는 물…온전하여라 : 『논어論語』「자한子罕」편에 공자가 시냇가에 있으면서 "흘러가는 것이 이와 같구나. 밤낮으로 그치지 않도다(逝者如斯夫不舍晝夜서자여사부, 불사주야)"라고 한 구절이 있는데, 이에 대해 주희(朱熹)가 풀이하기를 "천지의 조화는 가는 것이 지나가고 오는 것이 이어져서 한순간의 그침도 없으니, 바로 본연의 도의 본체이다(天地之化천지지화, 往者過왕자과, 來者續래자속, 無一息之停무일식지정, 乃道體之本然也내도체지본연야)"라고 한 내용을 담고 있는 표현이다.

〈한강의 배 안에서漢江舟中〉

漢江深且漣	한강 물은 깊은데다 잔물결치고
王氣拱千年	왕기는 천년 세월 감싸고 있어
喜祝東都勝	동도東都[18] 승경勝景 기뻐하며 축도하는데
夕陽來渡船	저녁 해가 나룻배를 비추어주네.

〈경포대에 올라登鏡浦臺〉

吾東名勝區	우리 동국 명승지로 유명한 곳은
此嶽最深幽	이곳 산이 가장 깊고 그윽하여서
千萬峯頭景	수 천 수 만 봉우리들 온갖 경치를
作詩難可搜	다 찾아내 시로 짓기 쉽지 않다네.

〈금오산에서 노닐며遊金烏〉

遙陟采薇亭	아득하게 채미정[19]에 올라와 보니
高風歷世馨	높은 풍모 오랜 세월 향기를 풍겨
徘徊多曠感	거닐자니 광세曠世 감회 마구 일어나
虛對暮山靑	푸른빛의 저녁 산만 그저 대하네.

〈가야산에서 노닐며遊伽倻〉

| 一嘯逈臨岩 | 한숨 쉬며 높은 산에 올라와 보니 |

---

[18] 일반적으로 경주(慶州)를 가리키지만, 여기서는 한양 도성 동쪽을 뜻한다.
[19] 금오산 기슭에 있는 정자로, 고려 말 학자 길재(吉再)가 절의를 지켜 은거하면서 지은 정자이다. 이는 백이(伯夷) 숙제(叔齊)가 수양산(首陽山)에 들어가 고사리를 캐어 먹으며 절의를 지킨 정신을 따르기 위한 것이다. 일부 자료에 길재의 충절과 학문을 추모하기 위하여 1768년(영조 44년)에 창건되었다고 한 것은 잘못이다.

羣山皆欲朝	뭇 산 모두 조회朝會할 듯 이쪽 향해도
孤雲已去矣	고운孤雲 선생[20] 이미 세상 떠나고 없어
携杖來逍遙	막대 짚고 여기 와서 서성이노라.

〈비 온 뒤에 매화를 보고雨後看梅〉

雪消春雨晴	눈 다 녹고 봄날 비가 맑게 개니
梅萼始含榮	매화꽃이 바야흐로 피기 시작해
露浥香心重	이슬 젖은 꽃떨기는 축 처졌는데
風微和氣生	미풍 불어 온화함이 풍겨나도다.

〈파초芭蕉〉

世多植物奇	세상에는 참 기이한 식물 많지만
我愛芭蕉姿	나는 파초 생김새를 사랑하나니
莖葉最靑直	줄기와 잎 무엇보다 푸르고 곧아
淸操君子知	맑은 절조節操 군자들이 알아준다네.

〈국화菊花〉

九月來寒霜	구월이라 찬 서리가 내리게 되니
黃黃晚含英	노란 꽃이 늦게까지 봉오리 맺어
淸標是隱逸	맑은 기품 그야말로 은일인隱逸人이라
採掇久彷徨	따 들고서 오래도록 서성이노라.

---

20 신라의 최치원(崔致遠)을 가리킨다. 최치원은 가야산에서 독서당(讀書堂)을 짓고 은거하였다.

〈정원의 대나무〉

叢竹鎖幽扃	대숲이 그윽한 집 에워싸고서
歲寒獨保靑	겨울에도 푸른빛을 홀로 간직해
物中君子節	만물 중에 군자다운 절개 있으니
取以植吾庭	캐어다가 내 집 뜰에 심어 두었네.

〈물고기가 뛰노는 것을 보고 觀魚躍〉

春波滿地流	봄 물결이 땅에 가득 흘러가는데
物性玩沉浮	물고기는 부침浮沈하기 좋아하지만
愼勿長時躍	조심해서 오랜 시간 뛰지는 말라
潛窺有白鷗	갈매기가 몰래 숨어 노려보나니.

〈매미 소리를 듣고 聞蟬〉

深園含雨澁	깊은 정원 빗물 젖어 칙칙하지만
高樹引風豪	큰 나무는 바람 끌어 기운 세찬데
千林斜日處	짙은 숲속 저녁 해가 지는 곳에서
幽怨向誰呼	맺힌 원망 누구 향해 호소하는가.

〈갈매기 白鷗〉

江湖之性雪衣化	강호에의 본성으로 하얀 눈빛 옷을 입고
一任疎風自上下	바람결에 몸 맡긴 채 위아래로 맘껏 나니
滿岸蘆花明月渚	기슭 가득 갈대꽃에 달빛 밝은 물가에서
忘機心事共盟夜	사욕 잊은 마음 갖자 이 밤 서로 맹세하네.

현판 윤인협

〈가을을 애상하며 傷秋〉

白髮蕭蕭坐墨壇　흰 머리털 쓸쓸한 채 문단文壇에서 자리하니

問渠胡得乃如彼　물어보세 그대 어찌 그와 같이 될 수 있나.

金聲淅瀝鳴寒樹　가을 소리 스산하게 차가운 숲 울려 대면

從古悲歌有幾士　예로부터 슬픈 노래 부른 선비 몇이었나.

〈한양으로부터 고향 집으로 돌아오는 도중에 느낌이 일어 두 수를 짓다-한 수는 없어졌다 自漢師歸鄉第道中有感作二首 一首缺〉

幾年南北弟兄分　몇 년이나 남북으로 형제들이 갈렸는데

湛樂今春共和塤　즐겁게도 올봄에는 형제 함께 화락하리.

離合從來元有數　헤어지고 만나고는 원래 정한 운수이니
斜陽回首洛江雲　지는 해에 고개 돌려 낙동강 쪽 구름 보네.

〈영벽정暎碧亭 원운原韻〉[21]

南來形勝此江汀　남쪽으로 내려와 경치 좋은 이 강가에
老去棲遲築小亭　늙어가며 쉴 수 있게 작은 정자 지어 놓고
獨抱詩書閑臥久　홀로 시서詩書 끌어안고 편히 오래 누웠자니
風烟多意箇中停　풍진세상 많은 생각 이 안에선 그친다네.

아암실기牙巖實紀 권지이卷之二 부록附錄, 시詩, 영벽정제영暎碧亭題詠

시詩

〈영벽정을 제목으로 짓다暎碧亭題詠〉

占得湖山第一頭　호수와 산 그중에서 으뜸인 곳 차지해서
風烟滿眼浩難收　시야 가득 넓은 풍광 다 보기에 버거우니
盤如蛇屈河東路　강 동쪽 길 구불구불 뱀인 듯이 서려 있고
曠似砥平洛北疇　강 북쪽 밭 드넓어서 숫돌처럼 평평한데
水面纖波開寶鏡　수면 위의 잔물결은 거울처럼 펼쳐졌고
天心新月掛銀鉤　하늘 중앙 초승달은 은고리를 걸었는 듯
却將多少江居趣　문득 강에 살고 싶은 깊은 취향 가져다가

21　원운은 차운(次韻)한 시에 대하여 원래의 시를 가리킨다. 현판에는 '영벽정절구(暎碧亭絶句)'라고 되어 있는데, 후대에 많은 사람이 차운하여 시를 지었기 때문에 상대적으로 원운이라고 표현한 것이다.

현판 정사철

分付風帆上下舟　위 아래로 오가는 돛단배에 의탁하리.

임하林下 정사철鄭師哲

〈우又, 또 같은 제목〉

山蹲水繞地偏寬　산 버티고 물 두르고 땅은 유독 널찍한데

聞道亭翁靜裏看　도 깨달은 정자 노인 고요 속에 바라보니

滕閣缺同韓子賞　등왕각[22]은 한퇴지의 감상 함께 못하였고

---

22 당나라 고조(高祖)의 아들 원영(元嬰)이 홍주자사(洪州刺史)로 있을 때에 세운 누각으로, 중국 강서성 남창시(南昌市) 공강(贛江)에 있다. 왕발(王勃)의 '등왕각서(滕王閣序)'로 유명한데, 한퇴지(韓退之)가 일찍이 원주자사(袁州刺史)로 있을 때 홍주자사 왕중서(王仲舒)의 부탁을 받고 '신수등왕각기(新修滕王閣記)'를 지으면

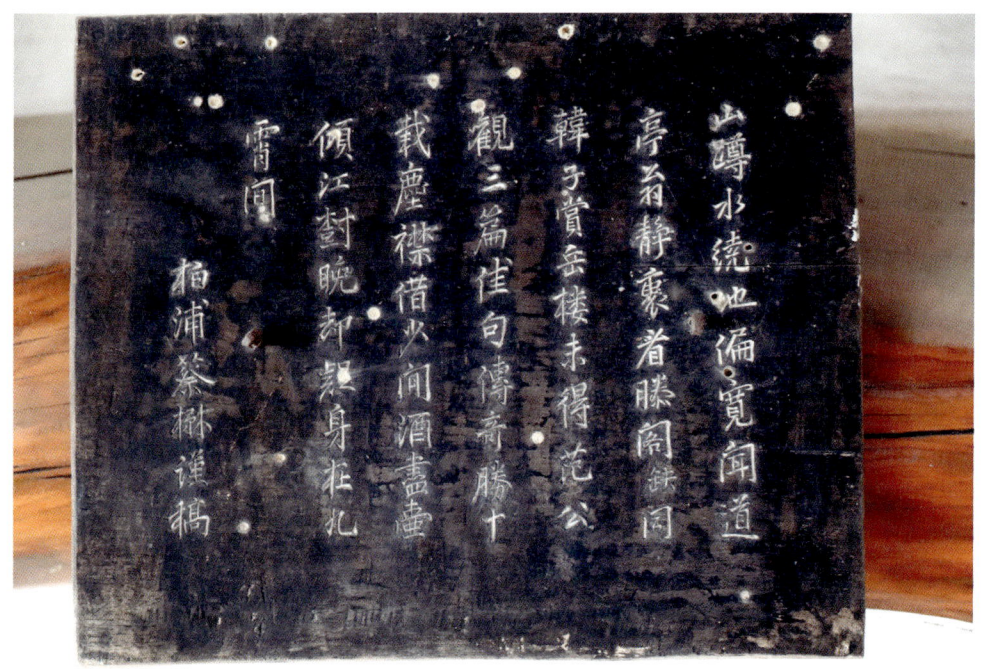

현판 채무

岳樓未得范公觀　악양루는 범중엄의 관람 얻지 못했는데[23]

三篇佳句傳奇勝　세 작품의 좋은 글이 명승 모습 전해주어

十載塵襟借小閒　십 년간의 속세 마음 잠시 여유 빌려오고

서 그 기문의 끝부분에 "나는 이미 등왕각을 가보지 못한 것을 한탄스럽게 여겼던 바이라, 그 위에 나의 이름이 실리게 된 것을 마음속으로 기뻐하고, 또 나의 글이 세 왕씨(王氏)의 다음으로 나열되는 것을 영광으로 삼는 바이다"라고 하였다. 세 왕씨는 바로 등왕각서를 지은 왕발, 부(賦)를 지은 왕서(王緖), 수각기(修閣記)를 지은 왕중서(王仲舒)를 가리킨다. 『韓昌黎集 卷十三』.

23 악양루(岳陽樓)는 악주(岳州) 파릉현(巴陵縣) 성문의 서쪽 누대로, 동정호(洞庭湖)를 굽어보며 빼어난 경관을 자랑한다. 북송(北宋)의 명재상인 범중엄(范仲淹)이 유명한 '악양루기(岳陽樓記)'를 지었는데, 범중엄이 등주(鄧州)를 다스릴 때 친구인 등종량(滕宗諒)이 좌천되어 악주(岳州)를 다스리고 있었다. 이때 악양루를 중수(重修)하고 기문(記文)을 부탁하자 친구를 위로하는 내용을 담아 써준 글이며, 자신이 악양루를 직접 가본 것은 아니다.

| 酒盡壺傾江樹晚 | 술 다하자 병 기울고 강가 숲은 황혼 되니 |
| 却疑身在九霄間 | 하늘 속에 내 몸 있나 문득 의심 일어나네. |

백포栢浦 채무蔡楙

〈우又, 또 같은 제목〉

數椽精舍洛湖頭	몇 칸짜리 정사 한 채 낙동강가 자리하여
十里風光望裏收	십 리 걸친 그 풍광이 시야 속에 들어오니
春後殘紅飄柳岸	봄 지난 뒤 남은 꽃은 버들 둑에 나부끼고
雨餘芳草散平疇	비 온 뒤의 고운 풀은 너른 밭에 흩어졌네.
晴窓客話傳瓊軸	밝은 창가 길손 대화 고운 시로 전해지고
烟浦魚肥理釣鉤	안개 포구 고기 살져 낚시 도구 손질하니
晚歲琴巖同趣味	만년 되어 아금암[24]과 같은 취미 가진지라
不妨乘醉泛漁舟	취한 김에 고깃배를 타는 것도 무방하네.

主人多雅趣	주인께선 고상하신 취미도 많아
高占洛之西	낙동강의 서쪽 지역 높이 자리해
曉岸殘花濕	새벽 둑엔 남은 꽃이 축축이 젖고
晴沙碧草迷	백사장엔 푸른 풀이 어지러워라.
江空帆帶影	강 고요해 배의 돛은 그림자 띠고
檐短鳥窺棲	처마 낮아 새는 둥지 훔쳐보는데

---

[24] 낙동강가에 있는 바위로, 윤인협(尹仁浹)의 호 아암(牙巖)은 이 바위 이름에서 유래하였다. 이 시에서는 윤인협을 가리킨다. 아금(牙琴)은 춘추시대 거문고의 명인인 백아(伯牙)의 거문고라는 뜻이다. 임하(林下) 정사철(鄭師哲)과 그 아들 낙애 정광천이 이 바위 아래에서 살았다. 『낙재선생문집(樂齋先生文集)』 권1 '과아금암(過牙琴巖)'.

현판 윤봉오

醉後攛詩眼　취한 뒤에 시 지으려 눈 들어보니

平林嫩綠低　너른 숲에 연한 녹색 낮게 깔렸네.

낙애洛涯 정광천鄭光天

〈우又, 또 같은 제목〉[25]

琴湖之上洛江汀　금호강의 주변 지역 낙동강의 물가에다

卜地吾宗有是亭　터를 잡은 내 종친宗親이 이 정자를 지었으니

津津談笑終宵好　흥미진진 이야기는 밤을 새워도 좋을 텐데

款款情懷落照停　다정하게 회포 푸니 지는 해도 멈춘다네.

25　현판에는 '근차판상운(謹次板上韻)'(현판 위의 시에 삼가 차운하다)라고 되어 있다. 이어지는 바로 아래 시는 '중과(重過)'(재차 방문하여)라는 제목이 달려 있다.

百世江山不改靑	백세토록 이 강산은 푸른 모습 안 변하고
屛孫世世護孤亭	후손들은 대를 이어 이 한 정자 지켰나니
冠童數十爭來會	어른 아이 수십 명이 앞 다투어 모여들어
爲說宗親摠好情	종친 얘기 나누자니 온통 좋은 정이라네.

석문石門 윤봉오尹鳳五

〈우又, 또 같은 제목〉

平生最愛此江亭	평생토록 이 강 정자 무엇보다 사랑하여
勝槩知應擅洛汀	낙동강가 명승지로 으뜸인 걸 알겠나니
極目浦沙鋪雪白	시야 한껏 포구 모래 흰 눈인 양 펼쳐있고
澄心潭水染藍靑	마음 씻는 연못 물은 짙푸르게 물들었네.
山涵波浪光搖壁	산 머금은 강 물결은 벽에 빛을 일렁이고
風送帆檣影落庭	바람 받아 가는 돛배 그림자를 뜰에 떨궈
若使名區分一半	만약 명승 이 구역을 내게 절반 나눠 주면
願隨魚鳥共忘形	고기와 새 따라 놀며 함께 존재 잊고 싶네.[26]

군수郡守 이시격李時格

〈우又, 또 같은 제목〉

重拓荒基起廢亭	황폐한 터 다시 닦고 낡은 정자 일으켜서
軒楹瀟灑俯江汀	추녀 기둥 산뜻한 채 강물 가를 굽어보니
栽新楊柳千章綠	새로 심은 버드나무 천 그루가 푸르고

---

[26] 원문의 망형(忘形)은 물외(物外)에 초연하여 세속적인 용모나 나이, 지위 등을 잊어버린다는 뜻이다. 『장자(莊)』「양왕(讓王)」편에 "뜻을 기르는 자는 형체를 잊는다(養志者忘形양지자망형)"라고 한 데서 온 말로, 흔히 겉치레를 잊고 상대방과 마음을 주고받는다는 의미로 쓰인다.

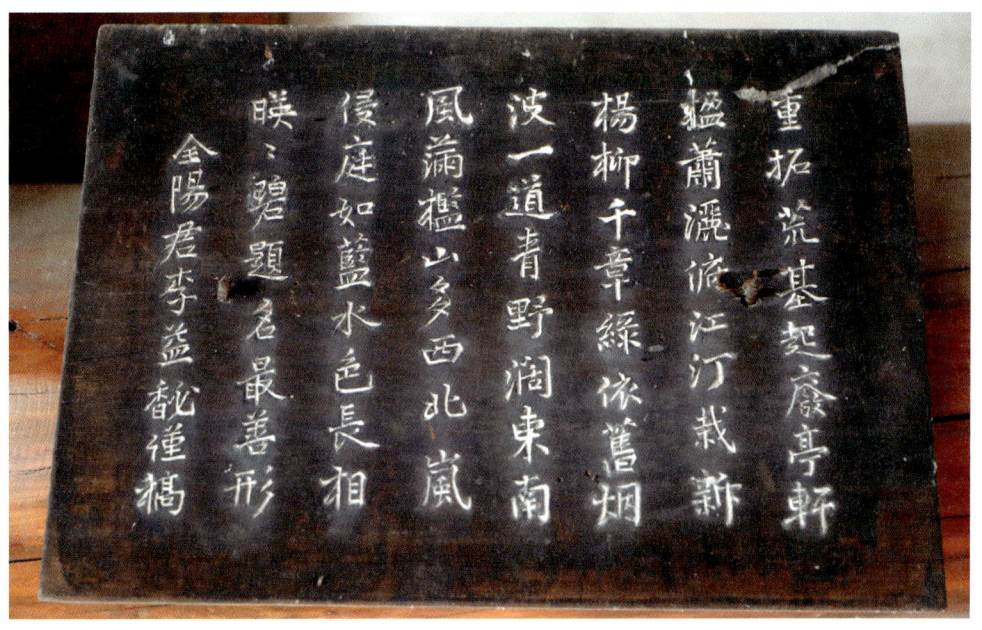

현판 이익필

依舊烟波一道靑　예와 같은 물안개는 한 줄기로 파랗다네.
野闊東南風滿檻　들판 넓은 동남쪽엔 난간 가득 바람 불고
山多西北嵐侵庭　산도 많은 서북쪽엔 뜰에 안개 몰려들어
如藍水色長相暎　쪽 풀처럼 푸른 물빛 길이 서로 어울리니
暎碧題名最善形　영벽이라 지은 이름 가장 형용 잘했어라.

전양군全陽君 이익필李益馝

〈우又, 또 같은 제목〉

洛東江上白鷗汀　낙동강의 주변 지역 백구 나는 이 물가에
百世淸風暎碧亭　백세토록 맑은 바람 불어대는 영벽 정자
想得先生嘉遯地　선생께서 아름답게 은둔한 곳 생각하니

閒雲靉靆至今停　　한가로이 구름 짙게 지금까지 머물렀네.

　　　　　　　　　　　　　　　　　　　　　　윤상헌尹相憲

〈우又, 또 같은 제목〉

春水新滋挾去津　　봄철 물은 새로 불어 나루 끼고 흐르는데
輕舟來繫碧亭濱　　작은 배를 타고 와서 벽정 곁에 매었더니
衣冠飮食人皆古　　의관이며 음식이며 주민 모두 예스럽고
詩酒風烟客不貧　　시와 술과 좋은 풍광 나그네는 풍족해라.
二樂之間生理寄　　요산요수[27] 사이에다 생애일랑 맡겨두니
三韓以上系派陳　　삼한선조[28] 이전부터 문중 계파 유구하고
江流漢俗還相似　　강물 흐름 중국풍과 외려 서로 닮았는데
薄暮歸鞭去馬嗔　　어스름에 돌아서며 가는 말에 채찍 치네.

　　　　　　　　　　　　　　　　　　　　　　윤상헌尹相憲

〈팔경八景, 영벽정 팔경〉

槐底玻瓈杏外通　　홰나무 밑 맑은 물은 행탄 너머 통해 있고
夕陽微雨滿江風　　석양녘의 보슬비에 강 가득히 바람 부니
估兒得意張高帆　　장사꾼들 득의하여 높은 돛을 펼치고서
片片懸歸斷靄紅　　한 폭 한 폭 돌아올 제 저녁노을 발갛다네.

27　원문의 이요(二樂)는 요산요수를 줄인 말이며, 산수 자연의 즐거움을 누리는 것을 가리킨다. 『논어(論語)』 「옹야(雍也)」 편에 공자가 "지혜로운 사람은 물을 좋아하고, 인(仁)한 사람은 산을 좋아한다(知者樂水지자요수, 仁者樂山인자요산)"라고 한 말이 나온다.
28　파평 윤씨의 시조인 윤신달(尹莘達)을 가리킨다. 고려 태조 왕건을 도와 개국에 공을 세워서 삼한벽상익찬공신(三韓壁上翊贊功臣)에 올랐기 때문에 이렇게 부른 것이다.

행탄풍범杏灘風帆[29] 생원生員 윤종대尹鍾大

茶園臨水柳千條	물 가까이 차밭이요 버들가지 천 줄인데
春色偏濃細雨朝	봄빛 유독 완연하고 실비 오는 아침이면
會使長煙添繡障	마침 넓은 안개 시켜 비단 병풍 치게 하니
化工於此戱逍遙	조물주가 이곳에서 산책하기 즐기셨네.

다림연류茶林烟柳[30] 생원生員 윤종대尹鍾大

紅蓮埋盡白蓮開	붉은 연꽃 모두 지자 흰 연꽃이 피어나고
檻外秋空霽色來	난간 너머 가을 하늘 비 갠 뒤에 말끔한데
坐看無形天地外	형체 없는 천지 밖을 앉은 채로 바라보면
邵翁鞭駕共徘徊	소옹[31]께서 수레 몰고 함께 와서 노닌다네.

연포호월蓮浦皓月[32] 생원生員 윤종대尹鍾大

彼亭誰以白雲名	저 정자를 어느 누가 백운이라 명명했나
峭翠連簷儘有情	높푸른 산 처마 닿아 모든 것이 정겨우니
安石當年高臥志	사안석謝安石이 그 당시에 은거하던 그 마음을[33]

---

29 행탄의 돛단배.
30 다림의 안개 낀 버드나무. 다림은 영벽정 남쪽 낙동강 건너 고령군 다산(茶山) 지역을 가리킨다.
31 북송(北宋)의 학자인 강절선생(康節先生) 소옹(邵雍)을 말한다. 그의 『격양집(擊壤集)』 권12 「자작진찬(自作眞贊)」 끝부분에 "구슬을 가지고 노는 여가에, 한가로이 갔다가 한가로이 오곤 하네(弄丸餘暇농환여가, 閑往閑來한왕한래)"라고 하였다. 구슬은 태극(太極)을 의미하여, 태극의 이치를 궁구하다가 틈을 내어 한가하게 노니는 것을 표현한 것이다.
32 연포의 밝은 달.
33 진(晉)나라의 태부(太傅) 사안(謝安)은 자가 안석(安石)인데, 젊은 나이에 관직을 사양하고 회계(會稽) 땅 동산에 은거하여 '동산고와(東山高臥)'라는 고사(故事)를 남겼다. 고와(高臥)는 고침이와(高枕而臥)의 준말로, 세상을 피해 산림에 은거하면서 유유자적하는 것을 말한다. 『진서(晉書)』 권79 사안열전(謝安列傳)』

현판 윤종대

| 閒翁幽趣許平生 | 한가한 노인 그윽한 취향을 평생토록 허락했네. |

유정취벽雲亭翠壁[34] 생원生員 윤종대尹鍾大

缺處雙螺是好山	갈라진 곳 두 봉우리 정말 좋은 산이거니
山名琵瑟更怡顔	산 이름이 비슬이라 더욱 기쁜 표정인데
仙人綠髮長相對	검은 머리 신선들은 내내 서로 마주하여
朝暮飛霞共往還	아침저녁 비낀 노을 함께하여 오고 가네.

비슬선하琵瑟仙霞[35] 생원生員 윤종대尹鍾大

| 牙琴之水響如琴 | 아금암 앞 흐르는 물 거문고의 소리 내어 |
| 千載峨洋此可尋 | 천 년 전설 아양곡[36]을 여기에서 찾겠으니 |

---

34 백운정(白雲亭)의 푸른 절벽.
35 비슬산(琵瑟山)의 선경(仙境) 같은 노을.
36 백아(伯牙)와 종자기(鍾子期)의 고사에 나오는 거문고 곡조이다. 백아가 일찍이 높은 산에 뜻을 두고 거문고

| 夜夜漁燈孤照處 | 매일 밤에 어선 등불 쓸쓸하게 비춘 곳에 |
| 分明認得古人心 | 분명하게 옛사람의 그 마음을 알겠어라. |

아금어화牙琴漁火[37] 생원生員 윤종대尹鍾大

北峯秀色護箕躔	북쪽 산의 수려한 빛 기성 자리[38] 보호하여
烽火平安二百年	봉화대가 평안한 지 이백 년이 되었는데
山氣葱籠成饋餾	산 기운은 짙푸른 채 증기처럼 피어나니
早朝開戶望蒼然	이른 아침 창문 열고 푸른 모습 바라보네.

마천조람馬川朝嵐[39] 생원生員 윤종대尹鍾大

欲盡羲猶強自明	노닐기가 끝나려 해 애써 절로 밝히려도[40]
六飛無奈下雲程	임금 수레 구름길을 내려오니 어쩌리오.
提來孝子忠臣意	효자 충신 갸륵한 뜻 가져온다 하더라도
感慨尙存不逮誠	감개 외려 남았건만 정성이야 못 미치네.

봉산석조鳳山夕照[41] 생원生員 윤종대尹鍾大

를 연주하면 종자기가 듣고서 "좋도다, 높고 높아서(아아峨峨) 마치 태산(泰山)과도 같구나"라고 풀이하였고, 또 백아가 흐르는 물을 악상(樂想)으로 하여 거문고를 연주하면 종자기가 "좋도다, 넓고 광대하여(洋洋양양) 마치 강하(江河)와도 같구나"라고 풀이하였다. 그 후 종자기가 죽자 백아는 자기의 거문고 소리를 이해하는 사람이 없음을 탄식하면서 마침내 거문고를 부숴버리고 다시는 연주하지 않았다고 한다.『열자(列子)』'탕문(湯問)'』

37 아금암(牙琴巖) 아래 어선의 등불.
38 하늘의 대표적인 28개 별자리 중 하나인 기수(箕宿)를 말한다. 28개 별자리는 각각 지상에 대응하는 분야(分野)가 있는데, 이 시에 등장하는 마천산(馬川山)을 기수에 대응하는 분야로 본 것이다.
39 마천산의 아침 안개.
40 희화(羲和)가 하루의 운행을 마치려 하는 석양 무렵, 잠깐 밝은 빛을 더하려고 한다는 말이다. 희화는 태양의 수레를 모는 신화 속 마부의 이름인데, 매일 여섯 마리의 용이 끄는 수레에 태양을 싣고 동쪽에서 서쪽으로 운행하다가 해가 들어가는 우연(虞淵)이라는 곳에서 수레를 돌린다고 한다.『천중기(天中記)』권1, 일(日)』
41 봉산의 저녁노을.

현판 송근수

〈우又, 또 같은 제목〉

상사上舍[42] 윤봉주尹奉周가 그 선조의 영벽정暎碧亭 원운原韻 시를 보여주면서 화운和韻을 요청하기에, 마침내 서툰 솜씨를 잊고 보잘것없는 작품을 지어 드린다尹上舍奉周, 示其先祖暎碧亭原韻求和, 遂忘拙續貂以呈.

聞道盛區洛水汀　들자하니 낙동강가 아름다운 구역에다
碩人遯軸一孤亭　석인께서 은거처로 한 채 정자 지었다니
百年遺躅今猶在　백 년 세월 끼친 자취 지금까지 남아 있어
長使遊筇來去停　내내 길손 오고 가며 머무르게 하는구려.

좌상左相(좌의정) 송근수宋近洙

42　원래는 성균관의 유생 중 소과(小科)에 합격한 생원(生員)이나 진사(進士)가 거처하는 곳을 이르는데, 전하여 생원이나 진사를 가리키게 되었다. 윤봉주는 고종 31년(1894년) 갑오(甲午) 식년시(式年試)에 생원 3등으로 급제하였다. 『사마방목(司馬榜目)』.

〈우又, 또 같은 제목〉

南來形勝洛江汀	남쪽 지역 풍광 좋은 낙동강의 물가에는
人說我公暎碧亭	사람들이 우리 어른 영벽정을 말한다네.
遙想淸標千載下	생각자니 맑은 풍모 천 년토록 전해지고
鷗邊歸帆晩來停	갈매기 곁 돌아오는 돛배는 저물녘 정박하리.

좨주祭主 송병선宋秉璿

〈우又, 또 같은 제목〉

軒豁東西十里汀	동과 서로 탁 트여서 십 리 되는 그 물가에
居中無恙百年亭	백 년 세월 탈이 없는 정자 한 채 자리하니
古人卜地豈徒爾	고인께서 터 잡을 때 어찌 괜히 그랬으랴
爲是江山氣所停	이는 바로 강산 기운 모인 때문 아니겠나.

판서判書 최익현崔益鉉

〈우又, 또 같은 제목〉

千秋潔月暎虛汀	천년토록 밝은 달이 텅 빈 물가 비춰주니
想得高標起此亭	이 정자를 세우신 분 높은 풍모 그리는데
又有遺芬興詠歎	또 남기신 향기 있어 홍에 겨워 영탄하며
客驂時與白雲停	말 탄 길손 때맞추어 흰 구름과 머문다네.

도사都事 송병순宋秉珣

〈우又, 또 같은 제목〉

| 欣瞻楣記耀芳汀 | 고운 물가 빛내 주는 현판 기문 쳐다보니 |
| 感舊餘懷卽此亭 | 옛 감회와 남는 회포 일으키는 이 정자라 |

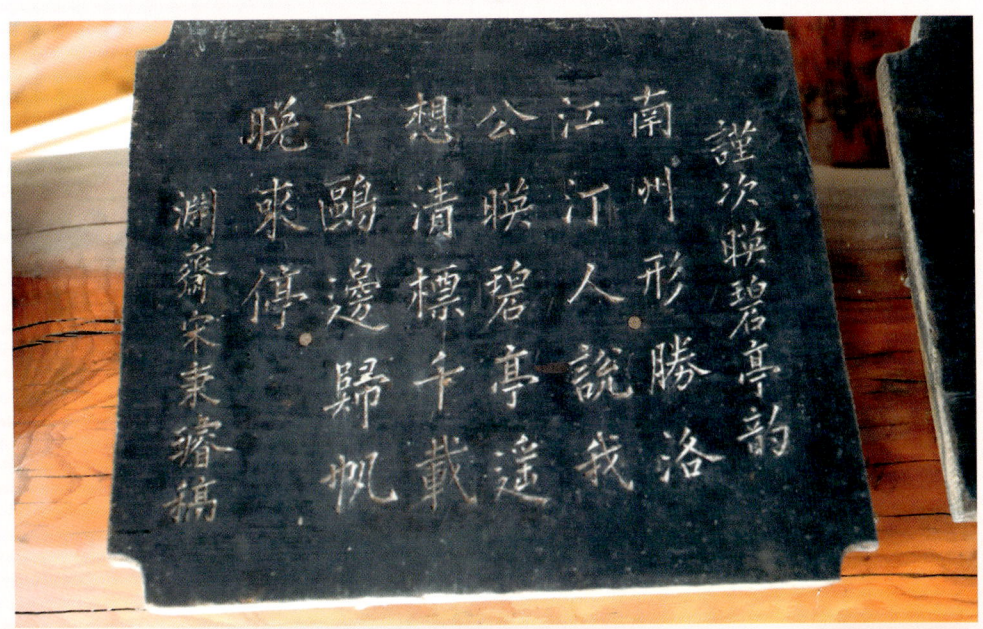

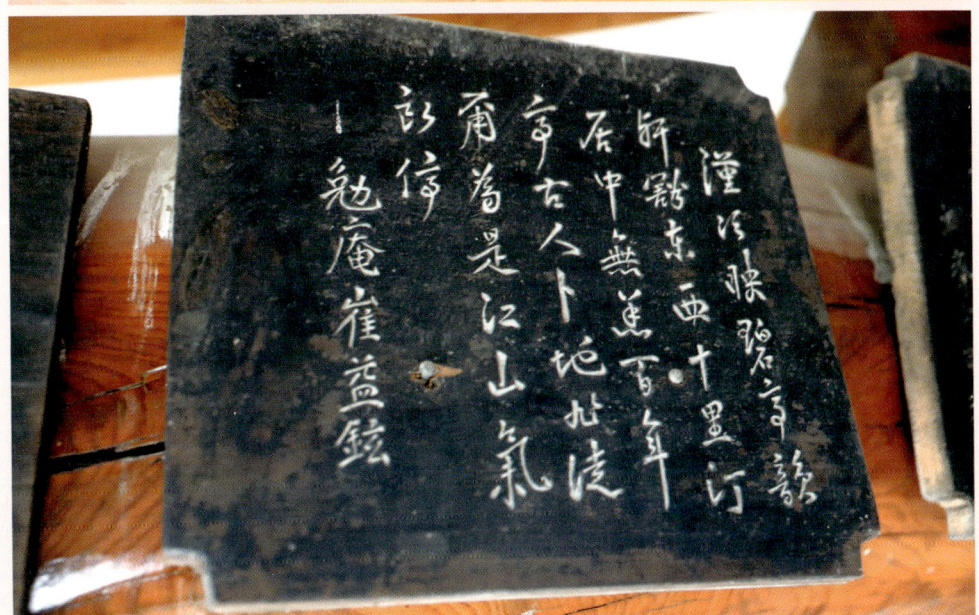

1 현판 송병선
2 현판 판서 최익현

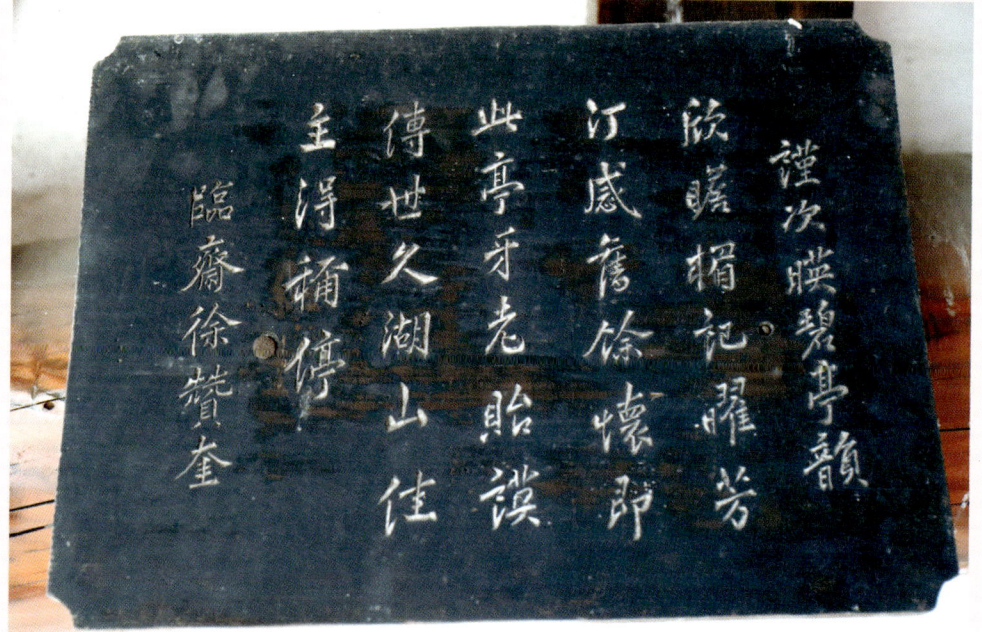

1 현판 심석 송병순
2 현판 서찬규

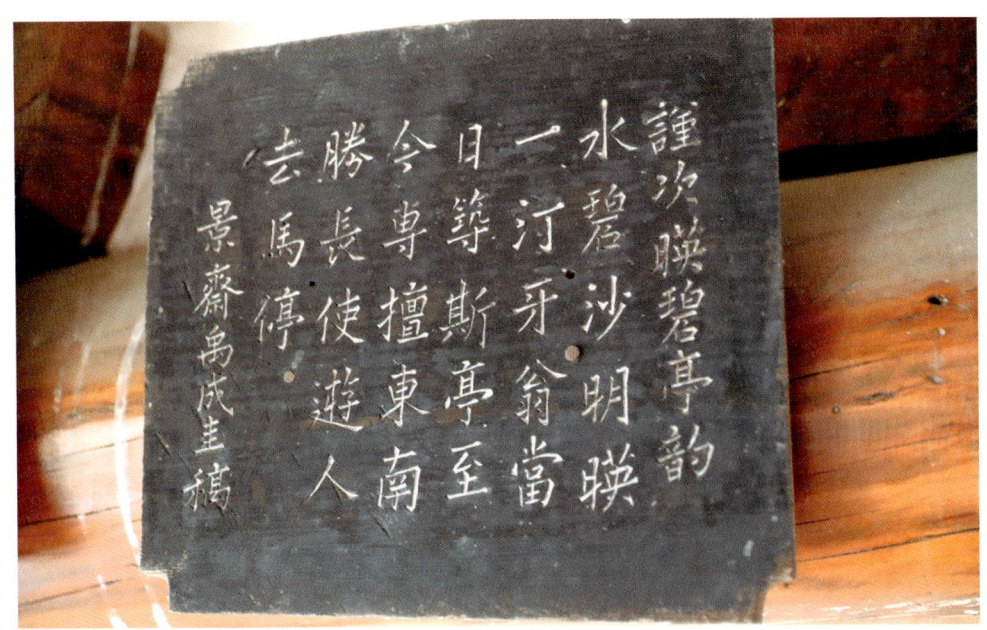

현판 우성규

牙老遺謨傳世久　아로께서 남긴 교훈 후세 오래 전해지니
湖山佳主得稱停　강산하고 멋진 주인 합당하게 어울리네.

　　　　　　　　　　　　　　　도사都事 서찬규徐贊奎

〈우又, 또 같은 제목〉

水碧沙明暎一汀　푸른 물과 맑은 모래 온 물가에 어우러져
牙翁當日築斯亭　아옹께서 그 당시에 이 정자를 세웠는데
至今傳擅東南勝　지금까지 동남 명승 으뜸이라 전해지니
長使遊人去馬停　내내 길손 가는 말을 머무르게 하는구려.

　　　　　　　　　　　　　　　도정都正 우성규禹成奎

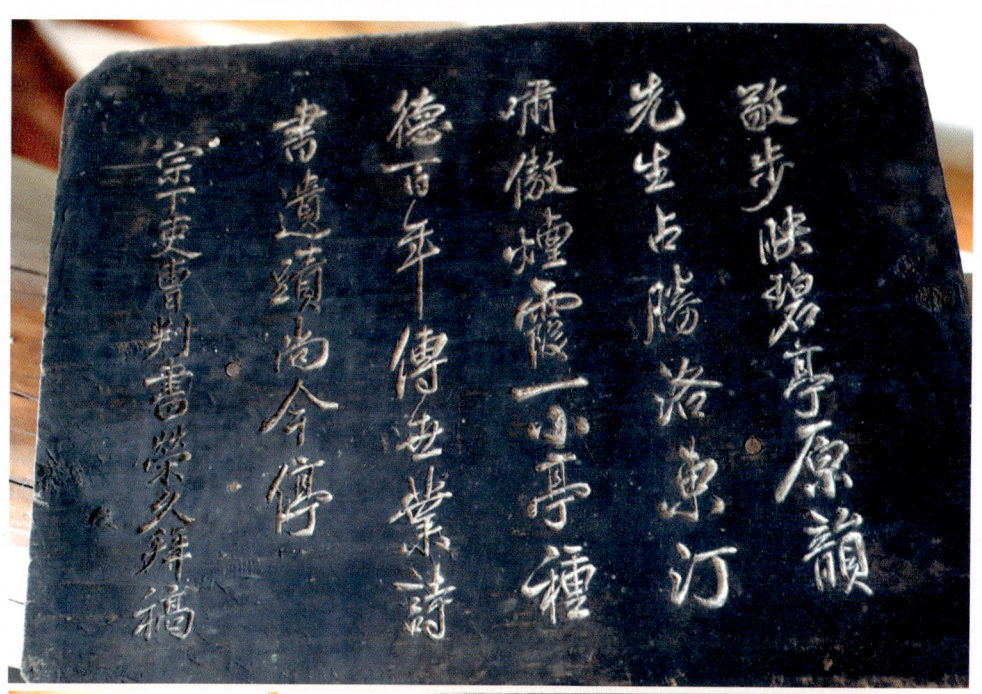

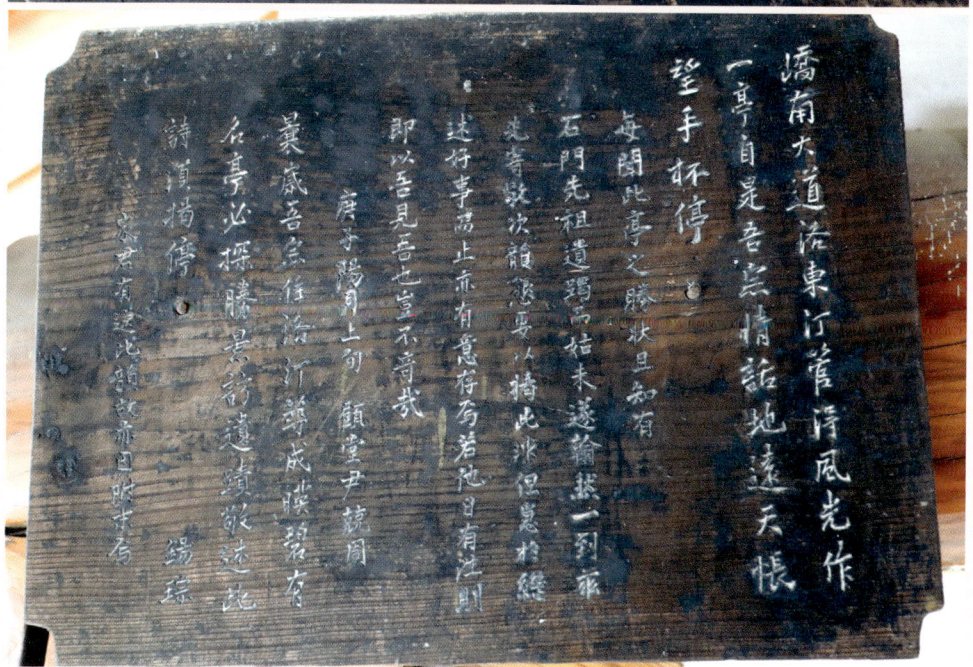

1 현판 판서 윤영구
2 현판 윤긍주

〈우又, 또 같은 제목〉

先生占勝洛江汀　　선생께서 낙동강 가 명승지를 차지하여
嘯嗷煙霞一小亭　　산수간에 시 읊으신 자그마한 정자 한 채
種德百年傳世業　　덕을 심어 백 년토록 가업으로 전했으니
詩書遺躅尙今停　　시서로써 남긴 자취 지금까지 간직됐네.

판서判書 윤영구尹榮久

〈우又, 또 같은 제목〉

늘 이 정자의 뛰어난 모습에 대해 들었고 또 석문石門 선조께서 남기신 자취가 있다는 것을 알았는데 아직 한번 가보지 못하였다. 이에 공경히 차운한 시를 먼저 보내서 현판으로 걸어주기를 간절히 요청하니, 이는 단지 선조의 뜻과 사업을 잇는 아름다운 일을 서두르는 것일 뿐만 아니라 또 다른 뜻도 들어 있다. 만약 훗날 그곳에 가게 되면 바로 나로서 나를 보게 되는 것이니 어찌 기이한 일이 아니겠는가每聞此亭之勝狀 且知有石門先祖遺躅 而姑未逐翰然一到 玆先寄敬次韻懇要以揭 此非但急於繼述好事 而止亦有意存焉 若他日有往則即以吾看吾也 豈不奇哉.

嶠南大道洛東汀　　고개 남쪽 큰 경상도 낙동강의 물가에다
管得風光作一亭　　좋은 풍광 관할하여 정자 한 채 지었나니
自是吾宗情話地　　이는 바로 우리 종친 정담 나눈 지역이라
遠天悵望手杯停　　먼 하늘을 바라보며 잡은 술잔 멈춘다네.

승지承旨 윤긍주尹兢周

〈우又, 또 같은 제목〉

坡水淵源泝此汀　　파평의 물 그 연원은 이 물가서 소급하니
肯堂仍以構斯亭　　선대 가업 이어 받아 이 정자를 지었는데

南城喬木淸陰滿　　남쪽 고을 큰 나무에 맑은 그늘 가득하여

鸞鵠春來幾峙停　　난새 고니 봄이 되니 그 얼마나 우뚝한가.[43]

윤영로尹榮老

〈우又, 또 같은 제목〉

琴洛中間卜此汀　　금호 낙동 사이에다 이 정자를 지었으니

碧波不盡暎於亭　　푸른 물결 다함 없이 이 정자를 비추는데

詩禮風流何處在　　시례[44]공부 풍류놀이 어느 곳에 남아 있나

雲烟沙鳥至今停　　구름안개 물새들은 지금까지 머물건만.

윤기尹玑

〈우又, 또 같은 제목〉

伊江之下洛江汀　　이강伊江[45]의 아래 지역 낙동강의 물가에는

二水中間碧一亭　　두 강물의 사이에 푸른 정자 한 채 있어

水不竭兮亭不閉　　강물은 안 그치고 정자 문도 안 닫히니

牙翁遺躅萬年停　　아옹 어른 남긴 자취 만년토록 머물리라.

서규흠徐奎欽

---

43 난새와 고니는 타인의 자제를 일컫는 미칭(美稱)이고, 원문의 치정(峙停)은 우뚝 멈춰 서 있다는 뜻의 정치(停峙)를 압운(押韻) 때문에 도치시킨 것이다. 한유(韓愈)의 '전중소감마군묘명(殿中少監馬君墓銘)'에 "내가 물러 나와 소부를 보건대, 푸른 대와 벽오동에 난새와 고니가 우뚝 멈춰 서 있는 것 같았으니, 그는 부조(父祖)의 업(業)을 제대로 지킬 만한 사람이었다(退見少傅, 翠竹碧梧, 鸞鵠停峙, 能守其業者也)"라고 하였다.

44 시경(詩經)과 주례(周禮), 의례(儀禮), 예기(禮記) 등의 예서(禮書)를 말하는데, 보편적으로 유가의 경전을 가리킨다.

45 이천(伊川) 또는 이수(伊水)와 같은 말로, 대구 달성군 다사읍 이천리 지역의 금호강을 부르는 이름이다. 이천리에 이강서원(伊江書院)이 있다.

〈우又, 또 같은 제목〉

泗水伊川合一汀	사수⁴⁶와 이천이 합해지는 한 물가에
巋然碧此主翁亭	우뚝하게 푸른 이곳 주인어른 정자인데
雲仍居在亭東北	먼 후손들 이 정자의 동북쪽에 거주하니
餘蔭綿綿發蓄停	남은 음덕 끊임없이 쌓인 것을 풀어주네.

서우곤徐宇坤

〈우又, 또 같은 제목〉

名勝南州最此亭	남쪽 고을 명승지는 이 정자가 으뜸이라
百年甃甓壓洲汀	백년토록 벽돌 건물 모래톱을 굽어보고
歸帆入海遙通白	가는 돛배 저 바다 안 멀리 흰 빛 통했는데
疊嶂圍郊乍攬青	첩첩 산은 들판 둘러 푸른빛을 살짝 띠니
已把烟霞爲舊物	이미 다 본 산수 경치 옛 모습이 되었으나
却忻筇鳥滿中庭	기쁘게도 발자취가 마당 안에 가득하고
遺詩揭兩還多感	남긴 시판詩板 양쪽 걸려 외려 느낀 감회 많아
喬梓依然想像形	부자父子간에 의구한 그 모습을 상상하네.

도사都事 이종기李種杞

〈우又, 또 같은 제목〉

萬古長流洛一汀	만고 세월 흘러가는 낙동강의 한 물가에
牙翁遺躅有斯亭	아암 어른 끼친 자취 이 정자로 남았으니

---

46 대구 북구 사수동(泗水洞) 앞과 팔달교 부근의 금호강을 부르는 이름이다. 사수동은 그전에 사빈(泗濱)이라고 하였는데, 한강(寒岡) 정구(鄭逑) 선생이 옮겨와 학업을 닦으면서 공자의 고향 곡부(曲阜)의 물 이름을 따와 사수로 고쳤다.

至今暎碧江湖景　　지금까지 푸른빛과 어우러진 강호 경치
世守無窮水積停　　끊임없이 잘 지켜 와 물도 깊이 고여 있네.

서영곤徐永坤

〈우又, 또 같은 제목〉

羣山驅洛注汶汀　　뭇 산들이 낙동강 물 쏟아 내린 문산 물가
仁智公心寓此亭　　인지仁智 갖춘 공의 마음 이 정자에 부쳤는데
餘蔭承承能肯構　　남긴 음덕 이어받아 능히 가업 계승하니
假鳴當世幾鸞停　　빌려 울던[47] 그 당시에 얼마나 난새 우뚝했나.

이억상李億祥

〈우又, 또 같은 제목〉

河之南又水東流　　강 남쪽서 다시 물은 동쪽으로 흐르는데
小閣何年闢近洲　　작은 누각 어느 해에 물 가까이 세웠던가.
短棹長竿春雨後　　짧은 노와 긴 낚싯대 봄비 내린 뒤에 챙겨
漁歌一曲得淸幽　　뱃노래를 한 곡 하니 맑고도 그윽하네.

군수郡守 윤경의尹景儀

47　문사(文辭) 등을 빌려 내면의 소회를 토로한다는 말이다. 여기서 '운다(鳴)'는 것은 한유(韓愈)의 '송맹동야서(送孟東野序)'에 나오는 개념으로, 만물이 내면이 평온하지 못할 때 세상을 향해 토로하는 소리를 말한다. 빌려 운다는 것은 스스로 소리를 내기 어려우면 대신 잘 우는 존재를 빌려서 소리를 낸다는 것이니, 예를 들어 음악이라는 존재는 각종 악기를 빌려서 소리를 내게 하고, 문인은 문사(文辭)를 빌려서 소리를 내게 하는 것이다.

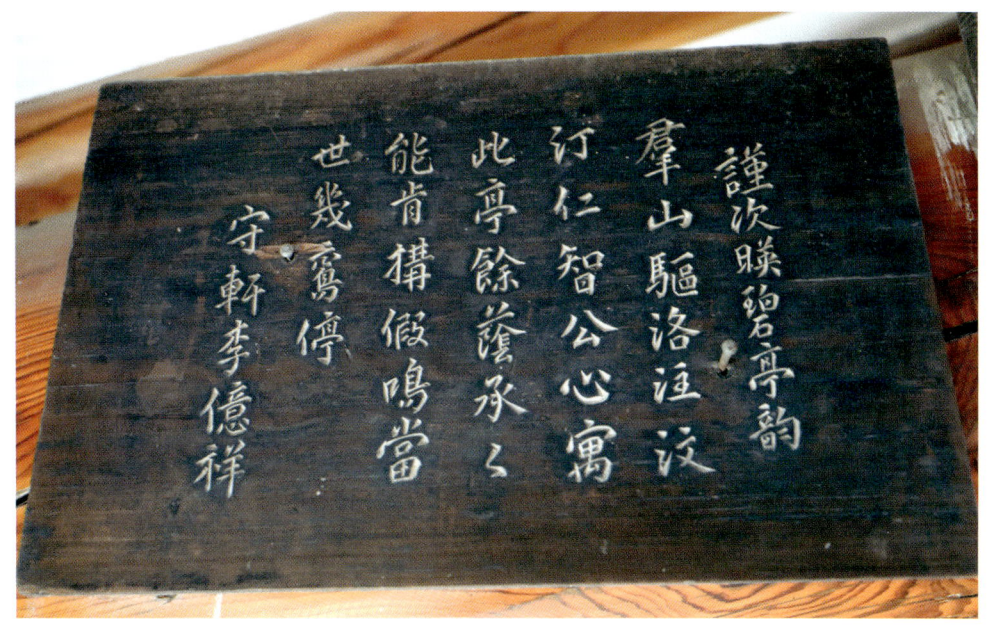

현판 이억상

〈우又, 또 같은 제목〉

濂溪餘派即琴汀	염계에서 흐른 줄기 바로 아금牙琴 물가 닿아[48]
霽月光風闢小亭	제월광풍 갖춘 곳에 작은 정자 세웠으니
黙契千年吟弄趣	천 년 두고 음풍농월 취향 은근 부합하여
此心飄灑白雲停	이 마음도 상쾌하니 흰 구름도 머문다네.

진사進士 윤자선尹滋善

---

48 북송(北宋)의 성리학자 주돈이(周敦頤)의 학맥이 이곳 아암(牙巖) 윤인협(尹仁浹)에게까지 이어졌다는 말이다. 염계는 주돈이의 고향 시내 이름인데, 주돈이가 이를 호로 삼아서 그를 가리키기도 한다. 아금(牙琴)은 영벽정이 있는 아금암(牙琴巖)이다.

현판 윤헌

〈우又, 또 같은 제목〉

一碧天光繫纜汀　　온통 푸른 하늘빛에 물가에다 닻줄 매고

恭瞻遺墨上名亭　　삼가 유묵遺墨 바라보고 유명 정자 올라왔네.

來宣此地敦宗誼　　이 지방에 선정 펴고 일가 친목 북돋우니

莫使花筵酒斝停　　잔치 자리 술잔들을 정지하지 말게 하라.

영백嶺伯 윤헌尹櫶

〈우又, 또 같은 제목〉

晚年卜築此江汀　　만년 되어 이 강가에 터를 잡아 집 지으니

汀上琴巖巖上亭　　물가 위는 아금牙琴 바위, 바위 위는 정자라네.

先上雅趣如相問　　먼저 오른 그 아취를 혹시라도 묻거들랑[49]

49　원문의 여상문(如相問)은 '만약 누가 물어보면'이라는 가정문으로, 당나라 시인 왕창령(王昌齡)의 시 '부용루

往蹟悠悠這裏停   지난 자취 아득하게 정자 안에 있다 하오.

윤완尹琓

〈우又, 또 같은 제목〉

千里南來卜一汀   천 리 남쪽 내려와서 한 물가에 터를 잡아
牙翁晩計此登亭   아옹 노년 계획 세워 이곳 정자 올랐는데
滿案詩書餘韻在   책상 가득 시서에는 아직 운치 남았으니
幾人回櫂渡頭停   몇 명이나 배를 돌려 이 나루터 머물렀나.

최시술崔蓍述

〈우又, 또 같은 제목〉

山南名勝洛東汀   산 남쪽의 명승지인 낙동강의 물가에는
汀上高高暎碧亭   물가 위쪽 높고 높은 영벽정이 자리하여
遙想牙翁當日事   아옹 당년 있었던 일 아득하게 생각하니
十分塵累九分停   한가득한 속세 번뇌 할 정도 그쳤다네.

진사進士 이화상李華祥

〈우又, 또 같은 제목〉

溯洛回舟水北汀   낙동강을 거슬러 와 북쪽 물가 배 돌리자
牙翁分躅有遺亭   아옹 어른 고운 자취 이 정자로 남았는데
眼前不得道眞景   면전에서 참된 경치 말로 표현 못하거니

송신점(芙蓉樓送辛漸)'에 "낙양의 친우가 만약 묻거든, 한 조각 얼음 같은 마음이 옥병에 있다고 하게나(낙양친우여상문洛陽親友如相問, 일편빙 심재옥호一片氷心在玉壺)"라고 한 구절이 유명하다.

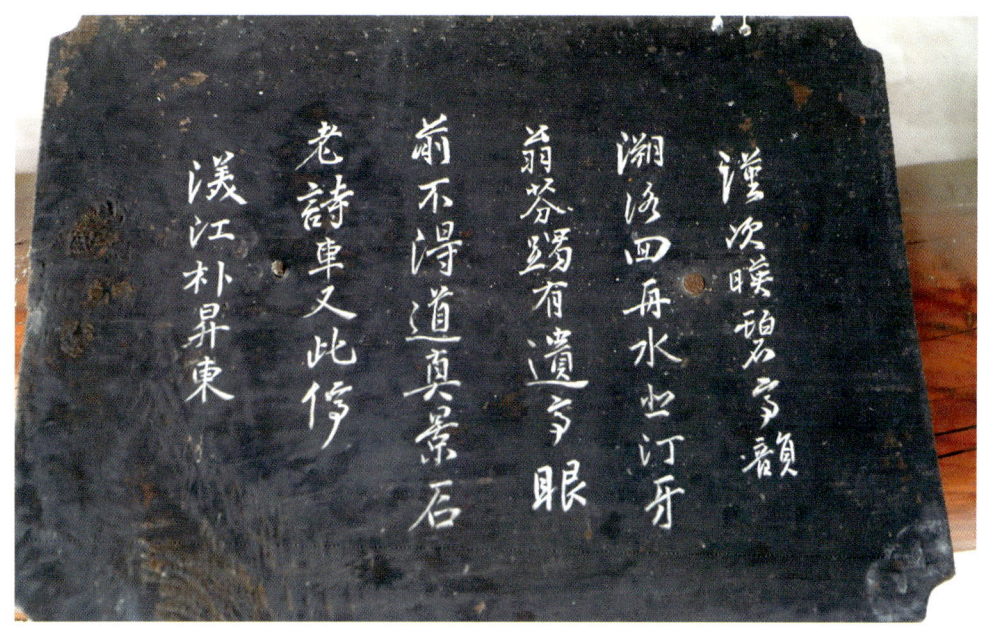

현판 박승동

石老詩車又此停   석문 노인 시 수레도 이곳에 와 머물렀네.

박승동朴昇東

〈우又, 또 같은 제목〉

碧江如練起高汀   푸른 강은 깁과 같고 높은 강가 불쑥 솟아
形勝東南此一亭   동남 지역 명승지로 이 한 정자 손꼽는데
仰讀遺詩多曠感   남긴 시들 봉독奉讀하자 광세曠世 감회[50] 마구이니
抱書當日箇中停   글을 읽던 그 당시에 이 안에서 묵었으리.

최시교崔峕敎

---

[50] 동시대에 태어나지 못해 서로 만나지 못한 것에 대한 아쉬운 감회를 말한다.

〈우又, 또 같은 제목〉

牙翁當日守空汀　　아옹께서 그 당시에 빈 물가를 지키면서
宇宙長留此一亭　　우주 간에 이 한 정자 오래도록 남겼으니
立馬斜陽多曠感　　해 저물녘 말 세우고 광세 감회 막 이는데
滿江鷗鷺爲誰停　　강 가득히 갈매기들 누굴 위해 머무르나.

최성규崔性奎

〈우又, 또 같은 제목〉

南州地勢繞亭寬　　남쪽 고을 땅의 형세 넓게 정자 에워싸서
萬象森羅盡意看　　이 세상의 온갖 만물 마음껏 다 보겠으니
雨過簾頭宜暮捲　　발 머리에 비 지나자 저녁 무렵 걷기 좋고[51]
水長檻外可流觀　　난간 밖에 강물 길어 두루두루 볼 만하네.
孝忠有道家傳學　　효도 충성 도道 있으니 집안 전승 학문이요
風月無邊獨守閒　　청풍명월 끝이 없어 홀로 여유 지키면서
仰讀先詩仍寓慕　　선인 시편詩篇 봉독하고 사모하는 정 부치니
襟期蕭灑出塵間　　마음속이 상쾌하여 속세간을 벗어나네.

채병규蔡炳奎

〈우又, 또 같은 제목〉

天光雲影暎虛汀　　하늘빛과 구름 모습 빈 물가에 어우러져
牙老當年起是亭　　아로께서 그 당시에 이 정자를 지었으니

51　왕발(王勃)의 '등왕각서(滕王閣序)'에 "구슬 주렴 저녁에 걷으니 서산에 비가 내린다(珠簾暮捲西山雨)"라고 한 구절을 응용한 표현이다.

1 현판 채헌식
2 현판 후손 좌일

| 靜裏眞工全道體 | 고요한 속 참 공부로 도의 본체 보전하여 |
| 至今遺馥使人停 | 지금까지 남긴 향기 사람들을 멎게 하네. |

진사進士 장승환張升煥

〈우又, 또 같은 제목〉

嶠南形勝洛東汀	영남 지역 명승지인 낙동강의 물가에는
汀上高臨暎碧亭	물가 위쪽 영벽정이 높다랗게 자리하니
多賀牙翁餘蔭厚	경하慶賀하네, 아옹께서 남긴 음덕 두터워서
竹梧庭畔鵠鸞停	대와 오동 자란 뜰 가 고니 난새 우뚝하니.[52]

우하철禹夏轍

〈우又, 또 같은 제목〉

亭楣咫尺壓江汀	정자 건물 지척에서 강물 가에 우뚝하니
汀月汀雲透入亭	강물 가의 달과 구름 정자 안에 스미는데
景仰百年惟有地	백년토록 우러르는 이곳 오직 남아 있어
西風一夜片帆停	서풍 부는 하룻밤에 조각배로 머물렀네.

외예(외손外孫)外裔 채헌식蔡憲植

〈우又, 또 같은 제목〉

| 坡山千里洛江汀 | 파평산의 천 리 남쪽 낙동강의 이 물가에 |
| 南下當年刱是亭 | 내려오던 그 당시에 이 정자를 지었는데 |

---

[52] 집안에 훌륭한 자제가 있다는 말이다. 한유(韓愈)의 '전중소감마군묘명(殿中少監馬君墓銘)'에 "내가 물러 나와 소부를 보건대, 푸른 대와 벽오동에 난새와 고니가 우뚝 멈춰 서 있는 것 같았으니, 그는 부조(父祖)의 업(業)을 제대로 지킬 만한 사람이었다(退見少傅, 翠竹碧梧, 鸞鵠停峙, 能守其業者也)"라고 한데서 온 표현이다.

永世諸孫傳守地　영원토록 여러 후손 전해 지킨 이곳에서
詩書講業戒無停　시서 경전 학업 강론 중단 없게 경계하네.

후손後孫 의정義正

〈우又, 또 같은 제목〉

琴洛之間第一汀　금호 낙동 그사이에 으뜸가는 물가에는
碧波如鏡暎高亭　푸른 물이 거울같이 높은 정자 비추는데
肯構深誠寧敢怠　가업 계승 깊은 정성 어찌 감히 게으르랴
悠悠往躅至今停　아득한 지난 자취 지금까지 남았는데.

후손後孫 좌일佐一

현판 후손 근

〈우又, 또 같은 제목〉

坡山餘韻下琴汀　　파평산의 남은 운치 아금牙琴 물가 내려오니
吾祖何年剏小亭　　우리 선조 어느 해에 작은 정자 지었던가.
講業諸孫追感慕　　강학講學하는 여러 후손 마음으로 추모하니
詩書遺訓尙今停　　시서 공부 끼친 교훈 지금까지 남아 있네.

후손後孫 근권槿權

〈우又, 또 같은 제목〉

龍盤龜伏萃巖汀　　용과 거북 서린 듯한 바위 모인 물가에다
啓我微孫起此亭　　우리 후손 계도하려 이 정자를 세웠는데
肯構多年無忝道　　가업 계승 여러 해에 전혀 도를 안 더럽혀
存誠齋下澤猶停　　존성재 아래에는 은택 아직 남아 있네.

후손後孫 경흠景欽

기타 대청 마루 시판들

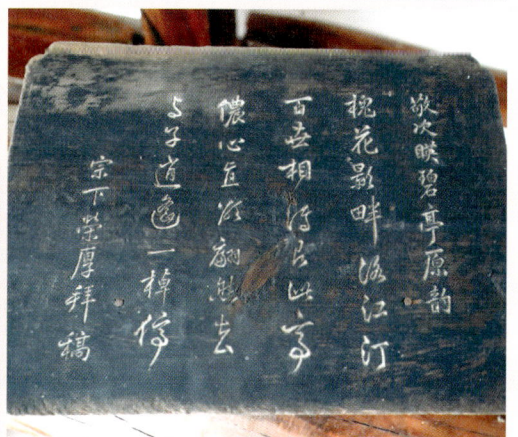

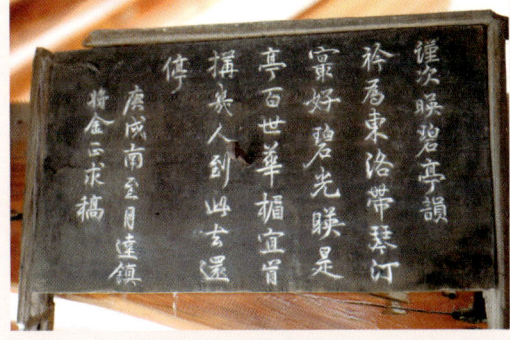

아암실기牙巖實紀 권지삼卷之三

행장行狀 (사후에 생전의 행적을 기록한 글)

公諱仁浹, 字德深, 號牙巖, 尹氏出坡平, 鼻祖諱莘達, 高麗太師策壁上翊贊勳, 嗣是十三代, 俱有名德勳業簪組相望, 入本 朝, 諱坤, 佐我 太祖太宗, 策翊戴勳, 判吏曹封坡平君, 특증우의정特贈右議政, 諡昭靖, 是爲公六世祖, 高祖諱垠, 行叅議, 判廣州牧使 贈右議政鈴川府院君, 屢典州郡, 以廉簡公平著, 曾祖諱師夏, 以經行登剡薦拜左通禮 贈執義, 祖諱宕, 文科歷春坊止尙州牧使, 贈都承旨, 曾以 昭陵請復陳疏旣多淸議, 考諱應璧, 蔭叅奉, 妣甕津李氏畢, 有閨範, 以嘉靖辛丑五月二十五日, 生公於, 漢城之第, 公自在孩提, 資質異凡, 及其受學, 已知孝友之爲本, 定省之暇, 勤孜不休, 專心爲己, 無意於進取矣, 少隨祖考, 尙州治所, 遊覽嶠南山水之奇壯, 嘗有卜居之意矣, 宣廟時中進士, 遂占大邱河南里, 又擇名區於洛江之濱, 起一茅亭, 卽牙琴巖下杏灘上也, 亭扁曰暎碧, 盖取天光雲影共徘徊之意, 逍遙亭上, 以寓風乎舞雩這氣味, 而有不知老之將至之樂也, 嘗爲詩曰, 南來形勝此江汀, 老去捿遲築小亭, 獨抱詩書閒臥久, 風烟多意箇中停, 又有翫月詩云, 琴書臥十年, 晚有江湖緣, 可愛先天月, 多情照我邊, 此則公之出於塵俗不求名利可想也, 名其齋曰存誠, 而有詩云喚覺靈臺妙, 惺惺坐主翁, 那爲外物蔽, 造次勖眞工, 又名其窩曰聞善, 而有詩云, 須知義理分, 從此藹然生, 極處誠難追, 孜孜啓課程, 此則公之工於誠身明理, 尤可見也, 所與遊極一鄕之望, 如鄭林下師哲, 權松溪應仁, 而爲道義之交, 又結詩社講道言志焉, 常兄弟分居京鄕, 而半京半鄕至老尙然, 還鄕道中有感懷詩二首一逸一傳, 曰幾年南北弟兄分, 湛樂今春共和壎, 離合從來元有數, 斜陽回首洛江雲, 其友于之情溢於詞表也, 及其兄早逝, 恒切含痛, 不能自制, 保護孀嫂, 猶恐不及, 撫愛孤姪認若己出, 敎導成就, 御家斬斬有軌範, 族戚鄕鄰皆取則焉, 長德鉅人亦皆推重也, 嘗誡子孫, 曰吾家得成六七百年, 遠而文肅, 文康, 文顯, 忠簡, 世篤忠貞服勞王家, 近而昭靖, 參議, 通禮, 承旨, 家傳孝友, 朝著淸謹, 世世勿替, 一副成規, 願汝曹毋忝爾所生也, 公卒於萬曆丁酉十月三日, 年僅五十七, 墓在大邱西部谷壬坐原, 配星山裵氏績女祔左, 有婦德事尊

章極其孝敬, 生一男耕老僉樞, 繼配星山裵氏墓在公墓西, 生一男, 耕民宣敎郎, 耕老生五子, 起莘, 興莘, 聘莘, 迎莘, 擧莘, 耕民生五子, 忠男主簿, 信男, 智男, 敬男, 禮男, 起莘生, 浚, 深, 淳, 澄, 泠, 興莘生溟, 聘莘生沘, 遴, 迎莘生, 澄, 漳, 擧莘生, 浣, 漫, 浩, 忠男生, 湜通德郞, 滴, 汶參奉, 澤, 漪, 信男生, 津, 智男生, 㵢, 濟, 洙, 敬男生, 濯, 瓚, 汔, 涇, 沂, 禮男生, 源, 溪, 玄孫 以下殆不能盡記, 嗚乎, 公得之學問, 篤於彛倫, 兼以文章, 任其高尙, 而竟未展其所抱, 亦非 命歟, 公之德行事爲, 辭賦筆翰之爲後人模範者, 不爲不多, 而不幸, 承祀之家, 狞有鬱攸之災, 而以至輓誄狀行之文, 蕩殘灰燼, 可勝歎哉, 及於從遊諸公之遺集中若干收摭者, 僅十一於 千百, 雖未可窺測基本末, 而莊誦翫味, 一臠足以盡全鼎之大體也哉, 尹石門爲近族, 而追登 暎碧亭, 題刻揭板備叙仁智之樂, 花樹之情, 洪梅山先生, 甞曰公夙脫名韁, 晦身江湖, 翛然若 物外遐翹, 此知公之深也, 復何贅焉, 余曾爲嶠伯時, 其後孫進士奉周因試士有宿分矣, 今玆 委訪鄕第, 袖示其所爲行錄, 請以狀德之文, 余旣不文, 近又老病而累辭不獲, 遂就其錄撰叙 言行如右, 後有立言者作, 庶幾採擇焉, 正憲大夫, 前, 知宗正卿府事, 刑曹判書 兼 知春秋館, 同知成均館事, 李鏽永謹狀

공의 휘는 인협仁浹, 자는 덕심德深, 호는 아암牙巖이다. 윤씨의 관향은 파평坡平이고 시조는 휘 신달莘達인데, 고려 때 태사太師 벼슬로서 벽상익찬壁上翊贊 공신에 책훈되었다. 대를 이어 13대가 모두 이름난 덕망과 공훈으로 연이어 높은 벼슬을 하였다.

본조(조선)에 들어와서 휘 곤坤은 태조와 태종을 도와 익대좌명翊戴佐命 공신에 책훈되고 이조판서로서 파평군坡平君에 봉해졌으며, 특별히 우의정에 증직되고 소정昭靖이라는 시호를 받았으니, 이분이 공의 6대조이다. 고조의 휘는 은垠인데 참의와 광주목사를 지내고 우의정에 증직되었고 영천부원군鈴川府院君에 봉해졌다. 여러 차례 크고 작은 지방 고을의 수령을 맡아 청렴하고 공평함으로 이름났다. 증조의 휘는 사하師夏인데 경술과 행실이 뛰어나 천거를 받아서 좌통례에 임명되었으며 사헌부 집의執義에 증직되었다. 조부의 휘는 탕岩인데 문과에 급제하고 세자시강원을 거쳐 상주목사에 이르렀으며 도승지에 증직되었다. 일찍이 소릉昭陵의 복위⁵³를 청하는 상소를 올렸는데 올바른 의론이 많았다. 부친의 휘는 응벽應璧인데 음직으로 참봉을 지냈다. 모친은 옹진 이씨 필畢의 따님인데 여성으로서의 법도가 있었으며, 가정嘉靖 신축년(1541년, 중종 36년) 5월 25일⁵⁴에 한양의 집에서 공을 낳았다.

공은 어렸을 때부터 자질이 남달랐고 학문을 배우기에 이르러서는 효도와 우애가 근본이 된다는 것을 이미 알았으며, 혼정신성昏定晨省하는 여가에 부지런히 쉬지 않고 오로지 한결같은 마음으로 자기 수양의 공부에 힘써서 세상에 나가 벼슬을 얻는 데에는 뜻이 없었다. 어려서 조부를 따라 상주 관아에 갔는데 영남의 기이하고 뛰어난 산수를 유람하고 일찍이 여기에 터를 잡고 살 뜻을 품었다.

선조宣祖 때 진사에 합격하였는데 마침내 대구 하남리河南里를 고르고 또 낙동강 가의 산수 좋은 구역을 택하여 초가 정자 한 채를 세우니 바로 아금암牙琴巖 아래 행탄杏灘이다. 정자의 편액을 영벽暎碧이라고 하였으니 아마 "하늘빛과 구름 그림자가 함께 배회하네天光雲影共徘徊"⁵⁵라고 한 뜻을 취한 것이리라. 정자 위에서 소요하면서 기우제 터에서 바람을 쐬는 취향⁵⁶을 의탁하고 '늙음이 장차 이르는지도 모르는'⁵⁷ 즐거움이 있었다. 일찍이 시를 지어 이르기를, "남쪽에서 뛰어나게 경치 좋은 이 강가에, 늙어가며 쉴 수 있게 작은 정자 지어 놓

---

53 소릉은 문종(文宗)이 세자였을 때 세자빈으로서 단종(端宗)을 낳고 며칠 안 되어 세상을 떠난 현덕왕후(顯德王后)의 능호(陵號)이다. 세조가 집권한 뒤 단종이 '노산군(魯山君)'으로 강등되어 영월에 귀양 갔다가 살해되자 '이미 왕이 아닌 노산군'의 생모라는 이유로 종묘에서 신주(神主)가 철거되고, 문종의 능침에 묻힌 관곽(棺槨)은 파헤쳐져 물가에 이장(移葬)되어 있었다. 이를 다시 복위시켜 달라는 것이 이른바 '소릉복위 운동'으로서, 사림의 올바른 정신을 드러내는 상징적인 일이다.
54 뒤의 묘표(墓表)와 묘지(墓誌)에는 20일로 되어 있다.
55 주희(朱熹)의 시 '관서유감(觀書有感)'에 나오는 구절을 인용한 것이다.
56 세속의 이권에서 벗어나 초연하게 자연속의 즐거움을 누리는 활달한 기상을 말한다. 『논어(論語)』「선진(先進)」편에서 공자가 제자들에게 각자 품은 생각을 말해보라고 하자 다른 제자들은 현실적인 정치적 포부를 말했는데, 증점(曾點)은 "기수에서 목욕하고, 기우제 터에서 바람을 쐬며, 노래하면서 돌아오고 싶다(浴乎沂, 風乎舞雩, 詠而歸)"라고 하자 공자가 탄복하며 칭찬하였다.
57 세월의 흐름도 잊은 채 학문에 매진하며 그 기쁨을 만끽하는 것을 말한다. 『논어(論語)』「술이(述而)」편에서 공자가 "학문에 분발하면 먹는 것도 잊고 학문이 즐거워서 근심도 잊은 채 장차 늙음이 이르는 줄도 알지 못한다(發憤忘食, 樂而忘憂, 不知老之將至)"라고 한 말을 인용한 것이다.

고, 홀로 시서詩書 끌어안고 편히 오래 누웠자니, 풍진세상 많은 생가 이 안에선 그친다네" 라고 하였고, 또 '달을 감상하며'라는 시를 지어 이르기를, "거문고와 책 벗 삼아 은거 십 년 에 늦게나마 강호와의 인연 있으니, 태초부터 있어 왔던 정겨운 달이 다정하게 내 주변을 비추어주네"라고 하였으니, 이는 공이 세속에서 벗어나 명예와 이익을 추구하지 않았음을 상상할 수 있다.

그 서재를 '존성存誠'이라고 이름 짓고 시를 지어 이르기를, "오묘하게 이 한마음 일깨운 채로, 정신 맑게 앉아 있는 주인옹이여. 어찌 외부 사물로써 흐려지리오, 한순간도 참 공부에 힘을 쓰거늘"이라고 하였으며, 또 그 움집을 '문선聞善'이라고 이름 짓고 시를 지어 이르기를, "모름지기 도리 알기 분명히 하면, 이로부터 성대하게 일어나리니, 궁극처는 정말 좇기 어렵거니와, 부지런히 공부 과정 열쳐 나가리"라고 하였으니, 이는 공이 몸을 정성스럽게 하고 이치를 밝히는데 뛰어났음을 더욱 알 수 있다.

더불어 교유한 사람들은 온 고을의 명망이 지극한 분들이니, 사철師哲 정임하鄭林下, 송계松溪 권응인權應仁 같은 분들은 도의道義의 교재를 하였으며, 또 시사詩社를 결성하여 도를 강론하고 품은 뜻을 이야기하였다. 항상 형제가 서울과 지방에 나누어 살았는데 절반은 서울에 살고 절반은 지방에 살아 늙을 때까지 그러하였다. 그러다 고향에 돌아오게 되어 도중에 감회 시 두 수를 지었는데 한 수는 분실되었고 한 수만 전하니, 이르기를 "몇 년이나 남북으로 형제들이 갈렸는데, 즐겁게도 올봄에는 형제 함께 화락하리. 헤어지고 만나고는 원래 정한 운수이니, 지는 해에 고개 돌려 낙동강 쪽 구름을 보네"라고 하였으니, 그 우애 깊은 정이 시어詩語의 겉으로 넘쳐난다.

그 형님이 일찍 세상을 떠나게 되자 항상 절통함을 머금고 스스로 억제하지 못하였다. 과부가 된 형수를 보호하는데 힘이 미치지 못할까 오히려 두려워하였으며, 부친을 잃은 조카를 어루만져 사랑하기를 마치 자기 자식같이 하여 가르쳐 성취시켰고, 집안을 다스리는 데 엄정하여 법도가 있었으니, 친척들과 고을 이웃들이 모두 본보기로 삼았으며 덕이 높고 훌륭한 사람들도 모두 그를 높이 받들어 귀하게 여겼다. 일찍이 자손들을 경계하여 이르기를, "우리 집안이 이루어진 지 6백~7백 년에 멀리는 문숙공文肅公[58], 문강공文康公[59], 문현공文顯公[60], 충간공忠簡公[61]께서 대대로 충정忠貞을 독실하게 하여 국가에 힘써 종사하였으며, 가까이는 소정공昭靖公[62], 참의공參議公[63], 통례공通禮公[64], 승지공承旨公[65]께서 집안에서는 효성과 우애를 전하고 조정에서는 청렴과 신중함으로 두드러져서, 대대로 변하지 않고 한결같이 법규를 따랐으니, 바라건대 너희들은 너희를 낳아 주신 분들을 욕되게 하지 말라"고 하였다.

공은 만력萬曆 정유년(1597년, 선조 30년) 10월 3일에 세상을 떠났으니, 나이가 겨우 57세였다. 묘소는 대구 서부곡西部谷[66]의 서북 방향을 등진 언덕에 있다. 부인 성산 배씨星山裵氏는 배적裵績의 따님으로 왼편에 합장되었는데, 부녀로서의 뛰어난 덕행이 있었고 시부모를 섬기는데 효성과 공경을 극진하게 하였으며, 아들 한 명을 낳았으니 경로耕老인데 첨지중추부사를 지냈다. 후처도 성산 배씨인데 묘소가 공의 묘소 서쪽에 있으며, 아들 한 명을 낳았으니 경민耕民인데 선교랑宣敎郞을 지냈다. 경로는 아들 다섯 명을 낳았으니 기신起莘, 홍신興莘, 빙신聘莘, 영신迎莘, 거신擧莘이고, 경민은 아들 다섯 명을 낳았으니 주부主簿 충남忠男, 신남信男, 지남智男, 경남敬男, 예남禮男이다. 기신은 준浚, 심深, 순淳, 해瀣, 령泠[67]을 낳았고, 홍신은 명溟을

---

58 고려 때 학자이자 장군인 윤관(尹瓘, ?~1111년)의 시호. 어사대부·한림학사·이부상서 등을 지내고 여진 정벌로 유명하다.
59 고려 때 정당문학을 지낸 윤언이(尹彦頤, ?~1149년)의 시호. 윤관의 여섯 째 아들이며 묘청의 난을 평정하는 데 공을 세웠다.
60 고려 때 문신인 윤보(尹珤, ?~1329년)의 시호. 성균관 대사성, 수문전 학사 등을 거쳐 벼슬이 첨의찬성사에 이르고 영평군(鈴平君)에 봉해졌다.
61 고려의 무신인 윤승순(尹承順, ?~1392년)의 시호. 왜구를 무찌른 공이 있고 판개성부사(判開城府事)에 올랐으며 영평군(鈴平君)에 봉해졌다.
62 윤인협의 6대조인 윤곤(尹坤).
63 윤인협의 고조인 윤은(尹垠).
64 윤인협의 증조인 윤사하(尹師夏).
65 윤인협의 조부인 윤탕(尹宕).
66 대구 달성군 다사읍 문양리(汶陽里) 지역이다. 마을이 서부산(西部山)을 끼고 서쪽을 향하고 있다 하여 서부실(西部室), 서부곡, 서부리(西部里)라고 하였는데, 1914년 행정구역 통폐합에 따라 병합하여 문양동이라는 이름으로 달성군 다사면에 편입되었고, 1988년 문양리가 되었다고 한다.
67 번역 대본에는 앞에 '후' 한 명이 더 있으나 송병선(宋秉璿)의 '진사윤공묘표(進士尹公墓表)'에 근거하여 빼고 번역하였다.

낳았고, 빙신은 자泚[68], 인遴을 낳았고, 영신은 징澄, 장漳을 낳았고, 거신은 연渷, 만漫, 호浩를 낳았다. 충남은 통덕랑 식湜, 적滴, 참봉 문汶, 택澤, 의漪를 낳았고, 신남은 진津을 낳았고, 지남은 맹孟, 제濟, 수洙를 낳았고, 경남은 탁濯, 찬瓚, 흘汔, 경涇, 기沂를 낳았고, 예남은 원源, 계溪를 낳았다. 현손(고손자) 이하는 거의 다 기록하지 못한다.

아, 공은 학문을 터득하여 인륜 도덕을 두터이 하고 아울러 문장으로 그 고상함을 마음껏 표현하였지만, 마침내 그 포부를 펼치지 못하였으니 또한 운명이 아니겠는가. 공의 덕행과 실행한 일, 시문 저술로서 후인의 모범이 되는 것이 많지 않은 것이 아니지만, 불행하게도 종손의 집안에 갑자기 화재가 발생하여 만사輓詞, 제문, 행장의 글들이 잿더미가 되고 말았으니 한탄스러움을 이길 수 있겠는가. 어울려 교유하던 여러 선생의 유집 중에서 수집한 것들이 천 편, 백 편 중에 겨우 십분의 일에 그치지만, 경건하게 읽고 잘 음미해 보면 한 점의 고기로도 온 솥 안 요리의 대체를 충분히 알 수 있을 것이다. 윤석문尹石門(윤봉오)은 가까운 친족으로서 후에 영벽정에 올라 글을 지어 새겨서 현판으로 걸어 인仁과 지智를 좋아했던 일과 친족의 정을 자세히 서술하였으며, 홍매산洪梅山(홍직필) 선생은 일찍이 말하기를, "공은 일찍 공명의 굴레를 벗어나서 강호에 몸을 숨기고 훌쩍 속세 밖으로 멀리 벗어났다"라고 하였는데, 이는 공을 깊이 안 것이니 내가 어찌 군더더기를 덧붙이겠는가.

내가 예전에 영남 관찰사가 되었을 때 그 후손인 진사進士[69] 윤봉주尹奉周를 내가 시관試官으로서 뽑았던 묵은 인연이 있는데, 지금 고향 집으로 방문하여 생전 행적의 기록을 소매에서 꺼내 보여주면서 행장을 지어주기를 청하였다. 나는 원래 글을 잘 짓지 못하고 근래에 또 늙고 병들어 여러 번 사양하였으나 이기지 못하여 마침내 그 기록을 보고 위와 같이 서술하니, 훗날 비문碑文을 지을 사람이 나온다면 채택하기를 바란다.

---

68 번역 대본에는 비(沘)로 되어 있으나, 송병선(宋秉璿)의 '진사윤공묘표'에 근거하여 자'(泚)로 교감하여 번역하였다.
69 윤봉주는 고종 31년(1894년) 갑오(甲午) 식년시(式年試)에 생원 3등으로 급제하였다. 『사마방목(司馬榜目)』.

정헌대부 전 지종정경 부사 형조판서 겸 지춘추관 동지성균관사 이헌영은 삼가 행장을 쓰다.

영벽정중수기暎碧亭重修記

大邱府西三十里, 洛江之濱, 有所謂暎碧亭者, 卽, 故上舍牙巖尹公攸芋也, 公生値穆陵盛際, 夙脫名韁, 晦身江湖, 翛然若象外逸翹, 斯亭也, 遠挹伽倻之山, 琵瑟之嶺俯壓杏子之灘白蓮之浦, 雲烟魚鳥, 浩蕩浮沒, 其虛光淸絶之賞甲於沿江臺榭, 儘乎人與地相得矣, 於是焉, 藏詩書訓子孫, 闢園林, 管水陸, 其所以燾後貽業, 殆將幷美于劉氏之墨莊, 張氏之靈壁, 豈直爲當日嘯咏之娛哉, 傳世數百年, 公之後昆若而人, 懼夫老屋之將圮, 克軆肯堂之古義, 協謀殫誠葺其弊而廣其制, 風楹月榭高朗疏敞, 極心目之快, 卽所云形留六合之內, 神遊八極之外者也, 工旣訖千里抵江漢, 要余記其事, 噫, 玆土乃吾先子桐鄕也, 曾於趨覲之暇, 歷選桐華, 龍淵, 霞鶩羣勝, 而獨留債於斯亭, 想像其泓崢蕭瑟之趣, 殆不能忘情, 遂力疾而諗之曰, 易云子克家, 詩云繩其祖武, 夫厥父祖有所志事, 而厥子孫罔能繼述, 詎可曰葍而播乎, 然則尹氏之玆役固可書也已, 雖然嗣葺棟宇特紹先之一事, 又有大焉, 嘗聞, 牙巖公, 常訓于家, 曰當以忠孝爲無忝之道, 而名其齋, 曰存誠, 窩曰聞善, 蓋有志爲己之學, 而篤於彛倫乃爾, 彼綠野平泉擅當世之名勝, 而不克傳後者, 以欠玆基本也, 凡爲公後承者, 信能用力乎明善誠身之功, 踐述乎孝親忠君之實, 則退而守菟裘世濟諄謹之美, 出而仕公朝用致立揚之顯, 方能有得乎, 念祖聿修之大者, 而爲一家耿光, 與江山風月同其悠久, 至若亭館之麗臨眺之樂有不足尙尹氏乎, 其欽念哉. 來請文者, 八世孫義正

屠維作噩, 乾之下浣 唐城洪直弼記

대구부大邱府 서쪽 30리 되는 낙동강 가에 아른바 영벽정이 있는데, 바로 돌아가신 상사

영벽정 중수기

는[70] 아암牙巖 윤공尹公께서 거처하신 곳이다. 공께서는 태어나서 목릉성세穆陵盛際[71]를 만나 일찍 공명功名의 굴레를 벗어나서 강호에 몸을 숨기고 훌쩍 속세 밖[72]으로 멀리 벗어났다. 이 정자는 멀리 가야산伽倻山을 바라보고 있고 비슬산琵瑟山 봉우리가 행지탄杏子灘과 백련포白蓮浦를 굽어보고 있는데, 구름이며 안개며 물고기며 새들이 호탕하게 떴다 가라앉았다 하니, 고요한 빛과 더없이 맑은 감상이 강을 따라 세워진 누대 중에 으뜸이라 더할 수 없이 사람과 땅이 서로 잘 만났다. 이에 시서詩書를 간직하고 자손을 가르치고 원림園林을 조성하고 물과 육지를 관리하고 후손을 보호하고 가업을 물려주어, 유씨劉氏의 묵장墨莊[73]이나 장씨張氏의 영벽靈璧[74]과 그 훌륭함을 나란히 견줄 정도이니, 어찌 다만 당시에 시를 읊으며 즐기기

70 원래는 성균관의 유생 중 소과(小科)에 합격한 생원(生員)이나 진사(進士)가 거처하는 곳을 이르는데, 전하여 생원이나 진사를 가리키게 되었다. 아암(牙巖) 윤인협(尹仁浹)은 진사이다.
71 목릉(穆陵)은 선조(宣祖)의 능호(陵號)로, 선조 시대에 뛰어난 문인들이 많이 배출되어 문학의 융성을 가져왔다고 해서 이 시기를 문학사적으로 일컫는 용어이다. 일반적으로 선조 시대를 미화하는 말로 쓰인다.
72 번역 대본에는 像外로 되어 있으나 像은 오자이므로 현판을 따라 象으로 바로잡아 번역하였다.
73 유씨는 북송(北宋)의 문신(文臣)인 유식(劉式)이고 묵장은 먹글씨로 된 책이란 뜻으로, 수장하고 있는 서책을 가리킨다. 유식이 세상을 떠나자 그 아내가 책 1천여 권을 모아 놓고 아들들에게 이르기를, "이것이 너희들의 아버지가 묵장이라고 부른 것인데, 지금 너희들에게 줄 테니 학문을 연마하는 도구로 삼아라"라고 하였다. 『해록쇄사(海錄碎事)』 권18 '문학(文學)'.
74 안휘성(安徽省) 영벽현(靈璧縣)에 송나라 장차립(張次立)의 장원이 있었는데, 소식(蘇軾)이 기문(記文)을 지

위한 것일 뿐이었겠는가.

　　수백 년 세대가 전해져서 공의 후손 몇몇 분이 저 노후한 집이 장차 무너지려 하는 것을 걱정하고 선조의 가업을 이어받는다는 옛 뜻을 잘 본받아서, 협력하여 논의하고 성심을 다하여 낡은 곳을 수리하고 규모를 넓혔다. 이에 바람 부는 기둥과 달빛 비치는 정자가 높고 밝고 탁 트여서 마음과 눈이 지극히 상쾌해지니 바로 "몸은 천지 안에 있으면서 정신은 우주 밖에 노닌다"라고 하는 것이다.

　　공사를 마치자 천 리나 되는 한양漢陽에 이르러 나에게 그 일에 대해 기록해 주기를 요청하였다. 아, 이 땅은 내 선친께서 수령을 지냈던 고을이다.[75] 일찍이 선친을 뵈러 갔을 때 여가를 내어 동화사桐華寺, 용연사龍淵寺, 하목정霞鶩亭 등 여러 명승지를 두루 찾아다녔는데 이 정자만 훗날을 기약하고 남겨 놓았으니, 그곳의 그윽하고 격조 높은[76] 술좌석의 흥취를 상상해보면 자못 그 심정을 잊을 수 없다. 마침내 병든 몸을 무릅쓰고 이른다.

　　"『주역周易』에 이르기를 '자식이 집안일을 잘한다'[77]라고 하였고, 『시경詩經』에 이르기를, '선대의 자취를 계승한다'[78]라고 하였으니, 무릇 그 선조가 뜻과 사업이 있는데 그 자손이 능히 이어받아 수행하지 못한다면 어찌 가히 '밭을 일구니 파종한다'[79]고 말할 수 있겠

　　어, 변수(汴水)의 북쪽에 자리 잡은 장씨의 정원은 산수가 아름답고 땅이 비옥하여 대대로 살아가기에 족하다고 칭찬하였다. 『동파전집(東坡全集)』 권36 '영벽장씨원정기(靈壁張氏園亭記)'

75　홍직필(洪直弼)의 부친 홍이간(洪履簡, 1753~1827년)이 1795~1798년 대구부판관(大邱府判官)을 지냈다. 『승정원일기(承政院日記)』

76　원문의 홍쟁(泓崢)은 홍쟁소슬(泓崢蕭瑟)의 준말로, 산수를 묘사한 시문(詩文)의 의경(意境)이 심원(深遠)하다는 뜻인데, 전하여 그윽하고 품위가 있으며 고요한 정취를 말한다. 중국 진晉나라의 곽박(郭璞)이 "흔들리지 않는 나무 없고 흐르지 않는 시내 없네(林無靜樹, 川無停流)"라는 시를 짓자, 완부(阮孚)가 이를 보고 "홍쟁소슬하니, 이 글을 읽을 때마다 나는 나의 정신이 형체를 초월하는 듯한 감회에 젖곤 한다(泓崢蕭瑟, 每讀此文, 輒覺神超形越)"라고 평한 데에서 나온 말이다. 『세설신어(世說新語) 문학(文學)』

77　자식이 조상의 사업과 집안일을 잘 계승한다는 말로, 『주역(周易)』「몽괘(蒙卦)」구이(九二)에 "구이는 몽매함을 포용해주면 길하고 부인의 말을 받아들이면 길할 것이니, 자식이 집안일을 잘하도다(九二, 包蒙吉, 納婦吉, 子克家)"라고 하였다.

78　『시경(詩經)』「하무(下武)」편에 "밝은지라 내세에 그 조상의 발자취를 계승한다면, 아, 만년토록 하늘의 복을 받으리라(昭玆來許, 繩其祖武, 於萬年, 受天之祜)"라고 하였다.

79　『서경(書經)』「대고(大誥)」편에 "그 부모가 밭을 일구었거늘, 그 자식이 파종도 하려고 하지 않는데, 하물며

는가. 그러니 윤씨尹氏의 이 사업은 참으로 기록해 둘 만하다. 비록 그렇지만 대를 이어 건물을 수리하는 것은 다만 선조의 뜻을 잇는 한 가지 일일 뿐이다. 더 중대한 일이 있으니, 일찍이 듣건대 아암牙巖 공께서는 항상 집안을 가르쳐서 '의당 충효忠孝를 지켜 낳아주신 분을 욕되게 하지 않는 도道로 삼으라'고 하였으며, 그 서재를 이름 붙여 존성存誠이라고 하고 움집을 문선聞善이라고 하였다고 한다. 이는 대체로 자기 수양의 공부에 뜻을 두고 인륜 도덕에 독실해서 그런 것이다. 저 녹야당綠野堂[80]과 평천장平泉莊[81]이 당시의 명승지로 으뜸이었지만 능히 후세에 전하지 못한 것은 이런 기본이 결여되었기 때문이다. 무릇 공의 후손이 되는 사람들은 참으로 능히 선善을 밝히고 몸을 성실히 하는 공부에 힘을 쏟고 부모에게 효도하고 임금에게 충성하는 실질實質을 실천해 나간다면 물러나서는 만년의 은거지를 지키면서 성실하고 신중한 아름다움을 대대로 이룰 것이고 세상에 나아가서는 조정에 벼슬하여 입신양명하는 명예를 이룰 것이다. 그렇게 되면 바야흐로 능히 조상을 생각하여 그 덕을 닦는 훌륭함을 얻을 것이고 온 집안에 전한 조상의 밝은 덕과 강산의 풍월이 함께 유구하게 될 것이다. 정자 건물의 아름다움이나 여기 올라와 경치를 조망하는 즐거움 같은 것은 윤씨尹氏를 드높이기에는 부족한 것이니, 삼가 유념해야 할 일이다. 나에게 와서 글을 청한 사람은 8대손 의정義正이다."

기유년(1849년, 헌종 15년) 정월 하순, 당성唐城(남양) 홍직필洪直弼 쓰다.

수확하려 하겠는가(厥父菑, 厥子乃弗肯播, 矧肯穫)"라고 한 말을 인용한 표현이다.
80 당나라의 재상 배도(裴度)가 만년에 낙양(洛陽)에 은퇴하여 지은 집이다. 이곳에서 백거이(白居易), 유우석(劉禹錫) 등과 함께 밤낮으로 시주(詩酒)를 즐기면서 세상일에 관여하지 않았다.
81 당나라 무종(武宗) 때 재상이었던 이덕유(李德裕)의 별장이다. 기화이초(奇花異草)와 진귀한 소나무, 괴석 등이 어우러져 선경(仙境)을 방불하였는데, 이덕유는 자손에게 유언하기를 "평천장을 파는 자는 내 자손이 아니고, 나무 하나 돌 하나라도 남에게 주는 자는 좋은 자제가 아니다"라고 하였으나 자손들이 사치가 심해 쇠퇴하고 말았다.

영벽정중수상량문暎碧亭重修上樑文

伏以, 累百年芬躅漸荒, 幾乎風摧而雨漏, 數三賢孝慕采篤, 倏然鳥革而翬飛, 仍舊益恢, 俾新觀美, 粤惟, 故上舍牙巖尹公, 自少濡染於詩禮, 中歲壯遊於江湖, 文章鳳儀於庠宮 際宣廟盛時之進士, 冠冕蟬聯於奕世, 實鈴川大家之賢孫, 方門戶燀爀之辰, 獨有遐想, 愛嶺嶠純樸之俗, 遂卜鄕廬, 是乃牙巖下流, 環以洛江諸勝, 羣巒攢出霞外, 山氣尤美於西南, 兩湖合湊鏡中, 天光互暎於上下, 奠子孫桑麻之業, 野曠土肥, 兼山水漁樵之歡, 江回峽轉, 始也數椽精舍, 至于九世相傳, 絃誦寢微於夏春, 歸然魯靈光倒立, 花石錯落於庭宇, 惜乎李贊皇遺謨 嗟曠悠之興廢無常, 方恨孔陋, 矧今日之頹圮倍昔, 盍謀重修, 然古制縱欠苟完, 伊僉宗咸曰改作, 屬值水旱荐饑之歲, 縱云室罄之當頭, 若論土木經費之資, 斷可箕斂以取足, 追先代垂裕之志, 自切見墻之思, 在後昆報本之誠, 詎忽肯堂之義, 殆若自天之有隕, 果見不日而成功, 亭名依舊扁仍存, 秖爲風景之不異, 地利與斯干相叶, 更覺苞茂之采光, 盖其制度之設施, 頗有古今損益, 所以登覽之淸敞, 豁若日夜乾坤, 方可謂盛宗花樹之所, 庶不墜前人草刱之功, 素志毓慶於淸區, 將見崔門之昌大, 幽光闡美於遙冑, 寔藉龐公之綏安, 廬陵之六一藏修, 政宜琴書斯畜, 岳樓之千萬氣像, 奚但朝夕奇觀, 此惟敦宗述先之圖, 允爲升堂入室之要, 玆陳盛頌, 助擧修樑,

兒郞偉抛樑東, 睡覺東窓日影紅, 極目風烟江盡處, 一般澄碧遠涵空,

兒郞偉抛樑西, 嶽色嶙峋天與齊, 爲有孤雲偏好看, 夕陽多意不敎迷,

兒郞偉抛樑南, 瑟峯如髻頻琴潭, 羣仙指點僚相待, 却恨無緣上鶴驂,

兒郞偉抛樑北, 夜罷韃書瞻斗極, 焉峀欲遮千里眼, 長安何處五雲色,

兒郞偉抛樑上, 日月推明河漢放, 誰將睿識能如許, 照破人間千百狀,

兒郞偉抛樑下, 日夜漲流快似馬, 自是洋洋得力厚, 萬艘容易浮行者,

伏願上樑之后, 棟隆獻吉, 川至增伏, 門閭漸高, 終見駟車之塡咽, 子姓昌熾, 奚啻芼藻之聚懽, 家範則節儉居先, 常存義經豊屋之戒, 族誼以敦睦爲主, 永保吳鄕義庄之規, 一江風月之淸, 於吾分何有, 四時樽俎之樂, 惟同姓莫如, 積幾年經營而僅成, 佇百世敬謹而相守

宗後生生員鍾大謹撰

  삼가 생각건대, 수백 년의 아름다운 자취가 점차 황폐해져 거의 바람에 파손되고 비가 새게 되었으니, 몇몇 현인賢人들이 효성을 돈독하게 하여 홀연 새가 깜짝 놀라 날개를 펴고 날 듯이 웅장한 모습으로, 옛 건물을 토대로 더욱 넓혀서 새로이 보기 좋게 하였다.

  돌아가신 상사上舍 아암牙巖 윤공尹公께서는 어려서부터 시례詩禮의 학문에 깊이 젖었고 중년에는 강호를 유람하였다. 문장은 성균관에서 봉황이 춤을 추듯 뛰어나 선조宣祖의 성대한 시대에 진사가 되었는데, 대대로 높은 벼슬을 지낸 집안에서 영천부원군鈴川府院君의 어진 후손이다. 바야흐로 문벌이 빛을 발할 때 홀로 먼 고장에서 살 생각을 품었다가 영남의 순박한 풍속을 사랑하여 마침내 시골에 집터를 잡았다. 바로 아금암牙琴巖의 아래 강물이 낙동강의 여러 명승을 감싸고 도니, 뭇 산봉우리는 노을 밖으로 솟아 있고 산 기운은 서남쪽에서 더욱 아름다운데, 두 호수는 거울 속에서 합쳐 모이고 하늘빛은 위아래에서 서로 어우러진다. 자손들의 농사짓는 생업을 정하니 들은 넓고 토양은 비옥하며, 아울러 물고기 잡고 땔나무 하는 즐거움을 겸하였으니 강은 휘돌아 흐르고 골짜기는 굽어졌다.

  처음에는 몇 칸짜리 정사精舍였는데 9대에 걸쳐 전해지면서 여름이나 봄에 글 읽는 소리[82]가 차츰 미약해지니 드높던 노魯나라의 영광전靈光殿이 거꾸러지고[83], 들꽃과 돌들이 집

---

82 하례춘시(夏禮春詩)라고 하여, 여름에는 『예기(禮記)』를 읽고 봄에는 『시경(詩經)』을 읽는다고 하였다. 여기서는 계절에 관계없이 늘 글공부하는 것을 말한다.
83 중요한 가치가 무너지거나 쇠퇴했다는 말이다. 노나라는 전한(前漢)의 제후국이며, 영광전은 노나라에 있던 궁궐의 이름인데, 마지막으로 남은 원로 석학(碩學)이나 유현(儒賢)을 비유한다. 영광전은 한(漢)나라 경제(景帝)의 아들 노공왕(魯恭王)이 세운 궁전으로 산동(山東) 곡부현(曲阜縣) 동쪽에 있었는데, 한나라 중기에 도적 떼에 의하여 수도 장안(長安)의 미앙궁(未央宮)과 건장궁(建章宮) 등은 다 불탔으나 영광전만은 그대로

안에 마구 뒤섞이니 이찬황李贊皇의 유훈遺訓[84]이 애석하게 되었다. 아, 오랜 세월이 흐르면서 흥망興亡이 무상하니 크게 누추하게 된 것이 한스러운데, 하물며 오늘날 쇠퇴하고 무너진 것이 예전에 비해 곱절이나 되니 어찌 중수重修할 것을 도모하지 않겠는가. 그러나 옛 모습은 비록 그럭저럭 완전하게 갖추지 못하더라도 여러 종친들이 모두 고쳐 짓자고 하였다. 물난리와 가뭄으로 거듭된 흉년을 만나 비록 집안의 곡식이 다 떨어지게 되었으나, 토목공사의 경비에 드는 자금을 따지자면 단연코 갹출하여 취하기에 충분하였다. 선조가 후손에게 덕행을 남겨 준 뜻을 추모하여 돌아가신 분을 사모하는 그리움이 간절하니, 후손이 자신의 근본에 보답하는 정성에 있어 어찌 가업을 이어받는 의의를 소홀히 하겠는가. 마치 하늘이 내려준 것처럼 과연 며칠이 되지 않아 준공을 이루게 되었다. 정자 이름은 예전 편액에 따라 그대로 존치하였으니 단지 풍경이 다르지 않기 때문이요, 지리적 이로움이 『시경詩經』 「사간斯干」[85] 편과 서로 합치하니 우거지고 무성함[86]이 더욱 빛남을 다시금 깨닫는다.

대체로 그 건물의 모양을 시설한 것은 자못 예전과 지금 모습에 증감增減이 있으나, 올라와 바라봄에 맑고 널쩍한 것은 마치 밤낮으로 하늘과 땅처럼 탁 트였다. 바야흐로 성대한 문중의 친족들 모임의 장소라고 할 만하니, 선인께서 처음 창건한 공을 거의 실추시키지 않을 것이다. 이 맑은 구역에서 가문의 경사를 가져올 자손이 태어나기를 바라니 장차 최씨崔氏 가문처럼 창대하게 되는 것[87]을 볼 것이고, 그윽한 광채가 먼 후손에게서 아름다움을 드

보존되었다.
84 당唐나라 때 찬황백贊皇伯에 봉해진 명상名相 이덕유李德裕가 자손들에게 남긴 교훈을 가리킨다. 그의 별장인 평천장平泉莊이 유명한데, 자손에게 유언하기를, "평천장을 파는 자는 내 자손이 아니고, 나무 하나 돌 하나라도 남에게 주는 자는 좋은 자제가 아니다"라고 하였으나 자손들이 사치가 심해 쇠퇴하고 말았다.
85 새로 집을 튼튼하게 짓고 낙성식落成式을 할 때 잔치하면서 부른 노래이다.
86 『시경詩經』 「사간斯干」 편에서 "대숲처럼 우거지고 소나무처럼 무성하다如竹苞矣, 如松茂矣"라고 한 표현을 가져온 것이다.
87 최씨는 당唐나라 때 산남서도 절도사山南西道節度使를 지낸 최관崔琯을 가리킨다. 최관의 증조모 장손부인長孫夫人이 나이가 많아 치아齒牙가 없어 밥을 먹지 못하자, 최관의 조모 당부인이 수년 동안 시어머니인 장손 부인에게 젖을 먹이는 등 효성이 지극하였다. 장손 부인은 죽을 때 집안 식구들이 다 모인 자리에서 "며느리의 은혜를 갚을 수 없으니, 며느리의 자손들이 모두 며느리처럼 효도하고 공경하기를 바란다. 그렇게 된다면 최씨의 가문이 어찌 창대昌大하지 않겠느냐"라고 하였다.

러낼 것이니 실로 방공龐公 같은 안녕[88]을 누릴 것이다. 여릉廬陵의 구양수歐陽脩가 육일六一을 간직한 것[89]처럼 바로 거문고와 서책을 비축하기에 적합하고, 악양루岳陽樓의 천변만화千變萬化하는 기상[90]처럼 어찌 아침저녁에만 기이한 경관이겠는가. 이것은 오직 종친을 돈독하게 하고 선조를 이어받는 계책이요, 참으로 승당입실升堂入室[91]의 요체가 된다. 이에 성대한 노래를 지어 대들보를 설치하는 것을 돕는다.

여보게들[92], 들보 동쪽에 면麵을 던진다네.[93]
잠에서 깨어나자 동쪽 창에 해가 붉은데
바람과 안개 속 강이 다한 곳 한껏 바라보니
똑같이 맑고 푸른빛이 멀리 하늘을 머금었네.

---

88 방공은 후한 때의 은사 방덕공(龐德公)이다. 그가 현산(峴山) 남쪽에서 밭을 갈고 살면서 세속을 가까이하지 않자, 형주 자사(荊州刺史) 유표(劉表)가 찾아와서 "선생은 시골에서 고생하며 지내면서도 벼슬해서 녹봉을 받으려 하지 않으니, 무엇을 자손에게 물려주려오"라고 하였다. 그러자 방공은 "세상 사람들은 모두 위태로움을 남겨 주는데 나는 유독 안녕함을 물려주니, 비록 물려주는 것이 똑같지는 않으나, 물려주는 것이 없지는 않을 것입니다(世人皆遺之以危, 今獨遺之以安, 雖所遺不同, 未爲無所遺也)"라고 답하였다. 『후한서(後漢書)』 권83 일민열전(逸民列傳) 방공(龐公).
89 여릉 사람 구양수(歐陽脩)가 일찍이 집에 장서(藏書)가 1만 권이요, 금석의 유문을 기록한 것이 1천 권이요, 여기에 거문고 하나, 바둑판 하나, 술 한 병 그리고 자신을 합하여 여섯이 하나가 되었다 해서 스스로 육일거사(六一居士)라고 호를 지었다.
90 범중엄(范仲淹)의 '악양루기(岳陽樓記)'에서 악양루의 장관을 묘사하면서 "아침 햇살과 저녁 그늘에 기상이 천변만화한다"라고 하였다.
91 마루에 오르고 방으로 들어간다는 뜻으로, 순서를 밟아 차근차근 학문을 닦으면 결국 심오한 경지에 들어감을 비유한 말이다.
92 원문의 아랑위(兒郞偉)를 우리나라에서는 『퇴계선생문집고증(退溪先生文集攷證)』에서 "여러 사람이 무거운 것을 들 때 힘을 쓰는 소리(多人擧重用力之聲)"라고 풀이했듯이 '어영차', '어여차' 따위처럼 기운을 북돋우는 감탄사로 풀이하였다. 그러나 이는 상량식의 정황을 잘못 유추한 것이며, 『한어대사전(漢語大詞典)』에서는 '젊은이들'로 풀이하고 있다. 여기에서는 후자를 따른다.
93 상량식을 할 때 만두나 국수 등 면(麵) 제품을 동서남북상하 여섯 군데로 던지면서 축원하는 의식이다. 우리나라에서 흔히 들보를 던지는 것으로 오해하는 경향이 있는데 잘못이다. 상량식은 들보의 설치가 끝났을 때 목수들의 노고를 위로하고 기념하는 잔치이다.

여보게들, 들보 서쪽에 면을 던진다네.
산 모습은 드높아서 하늘과 나란한데
외로운 구름이 유달리 보기 좋으니
석양녘에 생각 많아 혼미하지 않게 하네.

여보게들, 들보 남쪽에 면을 던진다네.
비슬산이 상투처럼 금호琴湖를 굽어보고
뭇 신선들 손짓하며 서로를 기다리는데
학을 올라탈 인연 없어 문득 한스러워라.

여보게들, 들보 북쪽에 면을 던진다네.
밤에 서책 교정 마치고 북두성을 바라보는데
마천산馬川山[94]이 천 리 시야를 가로막으니
오색구름 감도는 장안은 어디쯤인가.

여보게들, 들보 위쪽에 면을 던진다네.
해와 달이 밝게 빛나고 은하수도 빛을 발하니
누가 장차 이와 같을 줄 밝게 알리오
인간 세상 천태만상을 비추어 주네.

여보게들, 들보 아래쪽에 면을 던진다네.

---

[94] 번역 대본은 언수(焉峀)인데 의미가 통하지 않아 언(焉)을 마(馬)의 오자로 보고 번역하였다. 마천산은 대구시 달성군 다사읍에 있는 산으로 낙동강의 지류인 금호강 가까이에 있으며 영벽정에서는 북쪽에 해당한다.

밤낮으로 넘쳐흘러 빠르기가 달리는 말과 같고

이로부터 넘실넘실 두터이 힘을 얻으니

수많은 배 떠가는데 용이하리라.

　　삼가 원하건대, 상량을 마친 뒤에 마룻대는 성대하게 길조吉兆를 바치고 시냇물은 지극하게 복을 증진시키라. 문벌이 점점 높아져 마침내 으리으리한 수레가 집안에 꽉 들어찰 것이고, 자손들은 번성하여 어찌 오리가 물풀에 모여 즐거워하는[95] 정도일 뿐이겠는가. 집안의 법도는 절약과 검소가 우선을 차지하여 항상 『주역』 풍옥豊屋의 경계[96]를 간직하고, 친족 간의 정의情誼는 두터운 친목을 주안점으로 하여 오향吾鄕 의장義庄의 규율[97]을 영원히 보존하리라. 온 강의 맑은 풍월이 내 분수에 무슨 문제가 있겠는가, 사계절 잔치를 벌이는 즐거움은 오직 같은 성씨만한 것이 없다네. 몇 년이 걸려 일을 진행하여 겨우 완성하였으니, 백대를 걸쳐 공경하고 삼가며 지켜가리라.

종친 후생後生 생원 종대鍾大 삼가 짓다.

---

[95] 윗사람과 아랫사람이 격의 없이 함께 어울러 즐기며 기뻐하는 것을 비유한 말이다. 『후한서(後漢書)』 권31 「두시열전(杜詩列傳)」에 "폐하께서 군대를 일으킨 지 13년 동안, 장수는 화목하고 사졸은 물풀 속에서 물오리가 노니는 것과 같았다(陛下起兵十有三年, 將帥和睦, 士卒鳧藻)"라고 한데서 유래하였다.

[96] 집을 크게 지으면 흉하다는 경계를 말한다. 『주역』의 「풍괘(豊卦)」 상육(上六)에 "그 집을 크게 짓고 그 집에 거적을 쳐 놓았다. 그 문을 엿보니 조용하여 사람이 없어서 3년이 지나도록 만나지 못하니, 흉하다(豊其屋, 蔀其家, 闚其戶, 闃其无人, 三歲不覿, 凶)"라고 하였다.

[97] 오향은 송나라 명재상 범중엄(范仲淹)의 고향으로, 지금의 강소성(江蘇省) 소주(蘇州) 오현(吳縣) 지방이다. 범중엄이 벼슬이 높아지자 자식들에게 검약한 생활을 하도록 경계하고 마을에 의장을 설치하여 친족들을 도와주었는데, 의장의 규율은 1인당 하루에 쌀 한 되를 먹고 한 해에 비단 한 필을 입게 하며, 혼인과 상례, 장례에 모두 물품을 지급하는 것이다. 『소학(小學)』 권5 가언(嘉言).

영벽정중수기 暎碧亭重修記

古之君子用舍在人, 卷舒由己, 可仕而仕進吾進也, 可止而止往吾住也, 二者雖若相反, 而其適於吾心之所安易爲揆則一也, 往在庚子秋, 余還自東京, 路由大邱之枝底, 邂逅尹上舍奉周, 上舍今祭酒先生高足, 信宿敍話, 遂與幷轡至河南之暎碧亭, 亭其先祖牙巖公菟裘之地, 洛江抱前琴巖鎭後, 近之則白蓮杏灘, 遠之則伽倻琵瑟, 爭來獻奇形勝其焉, 宜其爲碩人嘉遯之地, 于其子孫碩大繁衍, 類操心飭躬, 無寔安岐徑之惑, 而有處善循理之樂, 芝根醴源詎不信歟, 以其有重修之役, 屬余一言以記之, 噫, 亭之故實, 詞苑大筆, 儒門巨匠, 發揮無餘, 又何贅言, 盖聞公以世族顯閥 値穆陵朝文治之會, 早登上庠, 攀援盈朝, 紆青拖紫, 可端步致之, 而顧翛然遠引, 自放於寬閒寂寞之濱, 混漁樵, 詛鷗鷺, 沒身無怨悔者, 可想其皎皎霞外亭立物表之氣像, 其與世之昏夜要津, 曳裾投啓, 老白首不知止者, 奚啻天壤之相懸, 則公之世雖遠而其心若可見, 在餘人, 尙不無感發激仰之意, 矧居雲仍之列, 其思所以紹述闡繹, 愈久愈光者, 豈但以因時修葺庇蔽風雨, 爲吾事已了哉, 其亦有緩急輕重之預算矣, 尹氏其欽念哉

上之四十二年, 歲次乙巳中夏月城崔益鉉記

옛날의 군자는 등용되고 버려지는 것은 남에게 달려 있고 진퇴는 자신에게 달려 있었으니, 벼슬할 만하면 벼슬하여 나아가는 것도 내가 나아가는 것이요, 그만둘 만하면 그만두어 가버리는 것도 내가 가버리는 것이다. 두 가지는 비록 상반되는 것 같지만 내 마음이 편안하게 여기는 바에 적합한 것으로 헤아려 보자면 똑같은 것이다.

지난 경자년(1900년, 고종 37년) 가을에 내가 동경東京(경주)에서 돌아오는데 길이 대구의 지저

柿㭻[98]를 경유하여 상사上舍[99] 윤봉주尹鳳周를 만나게 되었다. 상사는 지금 좨주祭主 선생[100]의 고족제자高足弟子이다. 이틀 밤을 자면서 이야기를 나누었고 마침내 함께 나란히 말을 타고 하남河南의 영벽정에 이르렀다. 정자는 그 선조 아암牙巖 공께서 만년에 은거하신 곳이다. 낙동강이 앞에서 감싸고 아금암牙琴巖이 뒤에서 버티고 있으며, 가까이는 백련포白蓮浦와 행자탄杏子灘이, 멀리는 가야산伽倻山과 비슬산琵瑟山이 다투어 와서 기이한 모습을 바치는 명승이 갖추어졌다. 덕이 높은 사람의 아름다운 은둔지로 마땅하며 그 자손들이 크게 번성하여, 대체로 마음을 잘 단속하고 몸가짐을 잘 경계하여 안일하게 옆길로 새는 유혹에 빠지지 않았으며 선을 지키고 순리에 따르는 즐거움을 간직하였으니, 지초芝草는 뿌리가 있고 예천醴泉은 근원이 있다[101]는 말이 어찌 믿을 만하지 않겠는가.

이 건물을 중수重修하는 공사를 하여서 나에게 한마디 말로 그 일을 기록해 주기를 청하였다. 아, 정자의 내력과 실상은 문단文壇의 훌륭한 문인들과 유가儒家의 뛰어난 분들이 남김없이 다 드러내셨으니 내가 또 무슨 군더더기 말을 하겠는가. 들건대, 아암 공께서는 대대로 뛰어난 명문 집안 출신으로 선조宣祖 시대 인문人文으로 다스리는 때를 만나 일찍 성균관成均館에 들어갔으니, 대과大科에 급제하여 조정에 들어가 고관대작에 오르는 것을 금방 이룰 수 있었는데, 다만 훌쩍 멀리 떠나서 스스로 한가하고 고요한 물가에 물러 나와 어부며 나무꾼과 어울려 살고 갈매기며 해오라기와 함께하기를 맹세하여 죽을 때까지 원망이나 후회가 없었다고 하니, 노을 바깥에 깨끗한 모습으로 세속을 벗어나 우뚝 선 기상을 상상할

---

98 현 대구시 동구 지저동(枝底洞).
99 원래는 성균관의 유생 중 소과(小科)에 합격한 생원(生員)이나 진사(進士)가 거처하는 곳을 이르는데, 전하여 생원이나 진사를 가리키게 되었다. 윤봉주는 고종(高宗) 31년(1894년) 갑오(甲午) 식년시(式年試)에 생원 3등으로 급제하였다. 『사마방목(司馬榜目)』
100 성균관 좨주인 송병선(宋秉璿)을 가리킨다. 윤봉주는 송병선의 제자이다.
101 전통이 있는 훌륭한 가문에 뛰어난 인물이 나온다는 비유적 표현이다. 원래는 삼국 시대 오(吳)나라 우번(虞翻)이 아우에게 준 편지에서 며느리를 들이는 데 문벌을 볼 필요가 없다고 하면서 "지초는 뿌리가 없고, 맛이 좋은 샘물은 근원이 없다(芝草無根, 醴泉無源)"라고 하여 뛰어난 인물은 출신이나 가문에 상관없이 나온다고 말하였는데, 후대에는 상황에 따라 이를 반대로 표현하기도 한다.

수 있다. 세속에서 어두운 밤에 나루를 찾고[102] 높은 벼슬자리에서 장계狀啓를 올리면서 늙어 흰 머리가 되도록 욕심을 그칠 줄 모르는 사람과는 어찌 하늘과 땅만큼만 차이가 날 뿐이겠는가. 그러니 공의 시대가 비록 멀지만 그 마음은 알아볼 수 있을 것 같다.

남에게 있어서도 오히려 감동을 일으켜 몹시 우러러보는 마음이 없을 수 없는데, 하물며 먼 후손의 반열을 차지하고서 선조의 사업을 물려받아 발전시켜 이어 나갈 생각이 시간이 지날수록 더욱 빛을 발하는 사람들은, 어찌 다만 때에 따라 건물을 수리하여 비바람을 막아주는 것만으로 우리가 할 일을 마쳤다고 할 수 있겠는가. 그 또한 완급과 경중을 미리 헤아려야 할 것이 있으니, 윤씨들은 삼가 유념하시라.

임금이 즉위한 지 42년 을사(1905년, 고종 42년) 5월 월성月城 최익현崔益鉉은 적다.

---

[102] 때를 가리지 않고 명리(名利)를 추구하는 것을 비유한 말이다.

이 책에
나오는
인물

이 책에 나오는 인물

여러 자료를 참고하여 간단한 이력을 적었다. 책에 나오는 인물에 대한 자료 수집이 계속되어야 할 것이다.

정사철鄭師哲(1530~1597년)

본관 동래東萊. 자 계명季明. 호 임하林下. 대구 출생. 1570년(선조 3년) 사마시에 합격, 남부참봉南部參奉에 임명되었으나 사퇴하고 성리학 연구에 전심했다. 서사원徐思遠·주유朱惟 등과 교유했고, 1592년 임진왜란이 일어나자 의병을 모집하여 관군을 지원하였다. 문집에 『임하집林下集』이 있으며, 대구의 금암서원琴巖書院에 배향되었다.

권응인權應仁(1517년~?)

호는 송계松溪. 문장이나 시에서도 당대의 이름을 날렸으며 글씨에도 능한 조선 중엽의 문사로 선남면 서재골에 가면 지금도 그가 살던 자취가 남아 있다. 선생은 호號를 송계松溪라 불렀는데 특히 유명한 시를 많이 남겼지만 돌아가신 후 임진왜란으로 그 시서나 작품이 거의 불타버리고 『송계만록松溪漫錄』 1권만 전한다고 한다. 선생은 퇴계 선생과 특히 친분이 두터웠으며 중종, 명종, 선조 초년에 이르기까지 그 학문과 재능이 너무나 탁월했기에 전설적인 이야기가 많이 전해지고 있다. 퇴계 선생이 별세하여 장지로 운구할 때의 이야기다.

행상이 중도에서 쉬고 난 후 다시 운구하려고 하는데 아무리 해도 상여가 땅에서 떨어지지 않았다. 상여의 뒤를 따르던 퇴계의 제자 동강東岡 선생은 "이 부근에 송계 선생이 오신 모양이니 곧 모셔와야겠다"라고 하였다. 그래서 사방으로 사람을 보내어 송계 선생을 찾게 하였더니 과연 그리 멀지 않은 곳에 송계 선생이 오고 있었다. 급히 모시고 와서 글을 써서 상여에 붙이니 그제야 상여가 땅에서 떨어져서 운상하게 되었다고 한다. 생시에 두 선생의 친분이 얼마나 두터웠는가를 말해주는 전설이다. 1542년 그의 형 응정을 따라 명나라 연경에 간 일이 있었는데 그곳 문사들과 어울려 놀 때 그들은 선생을 시험 삼아 어려운 시제時題를 내었는데 그들의 말이 떨어지자 바로 화답하여 놀란 그들의 입이 다물어지지 않았다고 한다. 권응인의 문집으로는 『송계집松溪集』이 있으며, 그밖에 저서로는 1588년(선조 21년)경에 지은 『송계만록松溪漫錄』 상하 2권이 있다. 『송계만록松溪漫錄』의 상권에는 시화, 하권에는 시화 및 잡기 · 설화 등이 수록되어 있다.

이종문李宗文(1566~1638년)

호는 낙포洛浦. 1588년(선조 21년) 생원生員이 되고, 제용감 직장直長 · 사헌부 감찰監察 등을 역임하였다. 1592년(선조 25년) 임진왜란이 일어나자 낙재樂齋 서사원徐思遠, 모당慕堂 손처눌孫處訥, 총관摠管 박충후朴忠後 등과 함께 팔공산八公山에서 의병을 일으켜 서면 대장西面大將이 되어 활약했다. 정유재란 때는 망우당 곽재우와 함께 창녕 화왕산성에서 적을 막았으며, 군공으로 원종공신에 녹훈되었다. 1604년(선조 37년)에 다산(茶山, 하빈현 하산리)에 하목정霞鶩亭을 건립하고 우거寓居하였다. 그러던 중 1610년(광해군 2년) 삼가현감으로 제수되었으며, 이후 1612년 비안현감을 비롯하여 1620년 군위현감을 역임하였다. 1638년(인조 16년) 6월에 병환으로 세상을 떠나니 향년 73세였다. 후손들이 이종문 관련 항목 보기의 유문을 수습하여 문집인 『낙포집洛浦集』을 편찬하고, 1897년 『전성세고全城世稿』에 다른 이들의 문집과 함께 엮어서 간행하였다. 승정원 좌승지左承旨에 증직贈職되었다.

정광천鄭光天(1553~1594년)

호는 낙애洛涯. 한강寒岡 정구鄭逑의 문하에서 학문을 배웠고 문필이 뛰어났다고 한다. 특히 부모에 대한 효심이 지극하여 부모상을 당했을 때 삼년상 치르며 애통해하였다. 임진왜란이 일어나자 의병을 일으켜 경상남도 창녕昌寧의 화왕산성火旺山城에서 교전 중인 곽재우郭再祐를 도와 전공을 세우는 활약상을 보였다. 문집으로 『낙애집洛厓集』이 있다. 이 문집은 목판본으로 3권 1책으로 구성되어 있으며 권1은 시詩, 권2는 사부詞賦·소疏·서書 제문祭文, 권3은 부록으로 행장行狀·묘지명墓誌銘·묘갈명墓碣銘·가장家狀·금암서원 승호 고유문琴巖書院陞號告由文 등을 수록하고 있다. 책머리에 1887년(고종 24년)에 쓴 정내석鄭來錫의 서문과, 1908년(융희 2년)에 쓴 정만조鄭萬朝의 서문이 있고, 책 끝에는 1887년에 쓴 정수룡鄭壽龍의 원발과 1933년에 쓴 정순지鄭純之의 발문이 있다.

정구鄭逑(1543~1620년)

본관은 청주淸州. 시호는 문목文穆. 자字는 도가道可, 가보可父. 호는 한강寒岡, 회연야인檜淵野人, 조선 중기의 문신, 성리학자, 철학자, 역사학자, 작가, 서예가, 의학자이자 임진왜란기의 의병장이다.

장현광張顯光(1554~1637년)

본관은 인동仁同, 자는 덕회德晦. 호는 여헌旅軒. 조선시대 중기의 학자, 문신, 정치인, 철학자, 작가, 시인이다. 과거에 뜻을 두지 않고 학문에 힘써 이황李滉의 문인과 조식의 문인들 사이에 학덕과 실력을 인정받았으며, 수많은 영남의 남인 학자들을 길러냈다.

서사원徐思遠(1550~1615년)

본관은 달성達成. 자는 행보行甫, 호는 미락재彌樂齋·낙재樂齋이다. 거주지는 경상도 하양河陽이다. 임진왜란을 전후한 시기 대구를 중심으로 낙동강 중류 일대에서 활동한 대표적 유학자이다. 그리고 그는 성주 지역에서 활동한 한강寒岡 정구鄭逑(1543~1620년)의 문하에 나아가 대구 지역에 퇴계학을 전파하는 데 크게 기여했다. 그는 성리학과 관련하여 8개의 도설圖說과 『공부차록工夫箚錄』 2편의 저술을 남겼다.

손처눌孫處訥(1553~1634년)

본관은 일직一直, 자는 기도幾道, 호는 모당慕堂. 조선 중기의 학자. 할아버지는 현감 치운致雲이다. 성주星州 출신. 정구鄭逑의 문인으로 장현광張顯光·서사원徐思遠 등과 교유하면서 학문과 효행으로 이름이 높았다.

채무蔡楙(1588~1670년)

본관은 인천, 자는 자후子後, 호는 백포栢浦이다. 한강 정구의 문인으로 1633년 문과에 급제하여 연월도찰방, 성균관전적, 병조좌랑 등을 역임했다. 문집으로 『백포문집栢浦文集』이 전한다.

이익필李益馝(1674~1751년)

본관은 전의, 자는 문원聞遠, 호는 하옹霞翁, 시호는 양무襄武이다. 1703년 무과에 급제하여 전라병사, 평안병사 등을 역임했다. 1728년에 이인좌가 난을 일으키자 용맹하게 싸워 난을 평정하였다. 그 공적으로 전양군全陽君에 봉하여졌다.

서찬규徐贊奎(1825~1905년)

본관은 달성, 자는 경양景襄, 호는 임재臨齋이다. 1846년 생원시에 합격하고 1883년 의금부도사義禁府都事에 제수되었으나, 나아가지 않고 후진교육에 매진하였다. 저서로는 『임재집臨齋集』이 있다.

최익현崔益鉉(1833~1906년)

호는 면암勉菴, 자는 찬겸贊謙이다. 이항로李恒老의 문하에서 수학하였으며 23세에 과거에 급제하여 다양한 관직을 거쳤다. 흥선대원군興宣大院君의 잘못된 정치를 정면 비판하였고, 강화도조약江華島條約 체결 소식에 도끼를 들고 광화문 앞에 엎드려 상소를 올리는 등 소신을 굽히지 않는 행보로 여러 차례 유배를 당하기도 하였다. 갑오개혁甲午改革 이후 단행된 의제衣制 개혁과 단발령斷髮令 등 일련의 개혁 조치에 대하여 상소를 통해 강경한 반대의 뜻을 천명함으로써 유생을 비롯한 보수 세력에 커다란 영향을 미쳤다. 이후에도 상소를 통해 시국의 폐단을 지적하고, 바른 것을 지키고 옳지 못한 것을 물리친다는 위정척사론衛正斥邪論의 관점에서 개혁안을 제시하였으나 뜻을 이루지 못하는 일이 많았다. 을사늑약乙巳勒約 체결에 항거하여 의병을 일으켰으나 첫 전투에서 패하여 체포당하였다. 쓰시마對馬島에서의 투옥 생활 중 풍토병을 얻어 74세를 일기로 사망하였다. 최익현의 위정척사사상은 개항 이후 항일의병운동과 일제시대 독립투쟁의 이념으로 계승되었다.

윤봉오尹鳳五(1688~1769년)

본관은 파평, 자는 계장季章, 호는 석문石門이다. 1746년 문과 급제하여 홍천현감, 동지의금부사, 대사헌 등을 역임했다. 문집으로 『석문집石門集』이 있다.

이시격李時格(1638~1698년)

본관은 전의, 자는 정숙正叔, 호는 강고江皐이다. 1676년에 무과에 급제하여 고원현감, 해미현감, 벽동현감 등을 역임했다.

윤종대尹鐘大(1763년~?)

본관은 파평, 자는 여효汝孝, 거주지는 성주星州. 생원시인 1798년(정조 22년) 정기시式年試(식년시) 생원에 1등 5위로 합격하였다.

송근수宋近洙(1818~1903년)

본관은 은진, 자는 근술近述. 호는 입재立齋. 시호는 문헌文獻이다. 1848년에 문과 급제하여 이조판서, 우의정, 좌의정 등을 역임하였다. 저서로『송자대전수차宋子大全隨箚』가 있다.

송병선宋秉璿(1836~1905년)

본관은 은진, 자는 화옥華玉. 호는 연재淵齋, 시호는 문충文忠이다. 조정에서 여러 차례 벼슬이 제수되었으나 나아가지 않고 도학을 강론하는 일에만 몰두하였다. 저서로는『근사속록近思續錄』『무계만집武溪謾輯』『연재집淵齋集』등 53권이 있다.

송병순宋秉珣(1839~1912년)

본관은 은진. 자는 동옥東玉, 호는 심석心石이다. 1888년 의금부도사義禁府都事에 임명되었으나 응하지 않고 학문을 닦고 연구하는 데만 전념하였다. 1912년 일제가 경학원 강사로 임명하였으나 순국 자결하였다. 1968년 대통령표창, 1977년 건국훈장 독립장이 추서되었다. 저서로『독서만집讀書漫集』,『학문삼요學問三要』,『용학의庸學疑』등을 남겼다.

박승동朴昇東(1847~1922년)

본관은 순천이며 자는 희초羲初, 호는 미강渼江으로 대구 하빈면 묘리 출신이다. 문집으로『미강문집渼江文集』이 있다.

우성규禹成圭(1830~1905년)

본관은 단양. 자는 성석聖錫, 호는 경재景齋, 또는 경도景陶이다. 현풍현감, 칠곡부사, 단양군수 등을 역임하고, 면암 최익현 선생 등과 교유하였다. 문집으로『경재집景齋集』이 전한다.

윤규 尹珪(1365~1414년)

고려 말에서 조선 초 사이의 문신이다. 형조좌참의로 있을 당시 민무구閔無咎·민무질無疾 형제의 불충을 엄하게 다스려야 한다는 소를 올렸다. 그는 고려 시절 이방원과 과거시험을 동시에 합격하였기 때문에 후대를 받았다. 글씨를 잘 썼는데, 특히 예서와 초서에 능하여 상서사尙瑞司의 직책을 겸임하였다. 뒤에 영의정에 추증되고, 파평부원군坡平府院君에 봉하여졌다.

이억상 李億祥

본관은 전주全州, 자는 경안景安. 신종군新宗君 이효백李孝伯의 증손으로, 할아버지는 신동수薪소守 이부정李富丁이고, 아버지는 영창부수永昌富守 이연동李連同이다. 1544년(중종 39년) 별시문과에 을과로 급제하고, 검열·지평·장령·사섬시정司贍寺正·판교判校·예조참의禮曹參議의 관직을 역임하였다.

윤경의 尹景儀(1773년~?)

본관은 파평, 자는 문약文若. 1821년(순조 21년)에 윤정식 군수 후임으로 부임하여 1822년(순조 22년) 10월 3일에 이임한 예천군수이다. 의성현령 희후羲厚의 아들, 경술·경숙·경호의 동생, 경성(생원)의 형, 기일의 아버지이다. 부모 슬하에서 유학으로서 1795년(정조 19년) 식년 진사시에 3등 44위로 합격하였다. 1821년 예천군수로 부임하여 선정을 하고 빚을 없애고 유민을 돌아오게 하였고, 병자들을 극진히 돌보아 예천군민들이 1822년 2월에 예천군 현동면(현 의성군 다인면 달제1리) 숲뫼봉 밑에 선정비를 세웠다.

윤헌(1856년~?)

본관은 파평, 자는 원장元章, 호는 황제愰濟이다. 1885년에 문과 급제하여 이조참판, 사헌부대사헌, 경상도관찰사 등을 역임하였다.

윤완 尹琓(1817년~?)

본관은 파평, 자는 미헌美獻이다. 관직 이력은 『승정원일기承政院日記』에 잘 드러나 있다. 1868년(고종 5년) 2월 기사에는 시흥현령, 1869년(고종 6년) 11월에는 고양군수高陽郡守, 1873년(고종 10년) 10월에는 양양부사襄陽府使에 이르렀다. 현령은 문관 종5품從五品 외관직外官職, 군수는 종4품從四品 외관직, 부사는 종3품從三品 외관직으로 대도호부사大都護府使, 도호부사都護府使라고도 불렸다.

최시술 崔蓍述(1839~1923년)

본관은 경주慶州, 자는 국언國彦이고, 호는 경산耕山이다. 출신지는 경상북도 대구大邱 달성군達城郡이다. 고조는 최류석崔類錫, 증조부는 최흥락崔興洛, 조부는 최방진崔邦鎭이다. 부친 최도崔濤와 모친 조승도曺乘道의 딸 창녕 조씨昌寧曺氏 사이에서 태어났다. 1894년(고종 31년) 시국이 어수선한 것을 살펴보고 경상북도 청도군淸道郡 풍각면豊角面에 위치한 경산耕山 아래로 이주한 후, 자호自號를 '경산'이라고 지었다. 시문집『경산선생문집耕山先生文集』9권 4책이 전한다.

이화상 李華祥(1839~1923년)

본관은 인천, 자는 재중載重, 호는 백운정白雲亭이다. 대구 출신이며 도암 이재의 문하에서 배웠다. 문집으로『백운정문집白雲亭文集』이 있다.

우하철 禹夏轍

본관은 단양, 호는 택와澤窩이며 문집으로『택와문집澤窩文集』이 전한다. 문집의 서문이나 발문은 물론 행장·묘문墓文 등 저자 신상에 관한 기록이 전혀 없다. 다만 시문 등에 나타난 기록으로 보아, 송병선宋秉璿의 제자로 성리학性理學에 상당한 관심을 기울였던 인물임을 알 수 있다. 규장각 도서에 있다.

채헌식蔡憲植(1855~1933년)

본관은 인천仁川, 자는 정여定汝이고, 호는 우담愚潭·후담後潭이다. 조선 말기 유학자이며 출신지는 대구大邱 달성군達城郡이다. 증조부는 채사진蔡師震이고, 조부는 채원규蔡元奎이다. 부친 곡은谷隱 채농蔡瀧과 모친 도석근都錫根의 딸 성주 도씨星州都氏 사이에서 태어났다. 1894년(고종 31년) 동학농민운동이 발생하자 고을에서 뜻을 같이하는 사람들을 모아서 고을을 방비하고, 고을 사람들이 동학당東學黨에 가담하는 일이 없도록 하였다. 또 대구 달성군에 문우관文友觀을 창설하여 후학들을 양성하였고, 봄과 가을마다 강회講會를 열어 성현聖賢의 학문이 전승되도록 힘썼다. 시문집 『후담문집後潭文集』이 있는데, 1962년에 간행되었다.

최치원崔致遠(857년~?)

본관은 경주慶州이고 자는 고운孤雲, 해운海雲, 해부海夫이며, 시호는 문창文昌이다. 신라 말기의 문신, 유학자, 문장가이다. 신라 골품제에서 6두품六頭品으로 신라의 유교를 대표할 만한 많은 학자들을 배출한 최씨 가문 출신이다. 868년 당나라로 건너가 과거에 급제한 후 당나라의 관료로 생활하며 「토황소격문討黃巢檄文」 등 명문을 써서 이름을 떨쳤다. 29세에 귀국하여 진성여왕에게 시무책을 올리는 등 의욕적으로 시정개혁과 문란한 정치를 바로잡으려 했으나 진골귀족들의 배척을 받고 은거생활에 들어갔다. 스러져가는 신라를 직접 눈으로 확인하며 유교·불교·노장사상을 넘나드는 복합적 사상을 담은 많은 글을 남겼다.

채응린蔡應麟(1529~1584년)

본관은 인천仁川, 자는 군서君瑞, 호는 송담松潭·탄은灘隱. 두문동杜門洞 72현의 한 분이다. 일찍 과거를 포기하고, 33세 때인 1561년쯤 대구 금호강을 따라 압로정狎鷺亭과 소유정小有亭이 두 정자를 건립하여 종신토록 이곳에서 강학과 수양에 매진했다.

전응창全應昌(1529~1572년)

자字는 성지成之이고 호號는 세심정洗心亭이다. 문과文科에 등과登科한 후 사헌부司憲府 감찰監察, 형조刑曹 좌랑佐郎, 지례현감智禮縣監, 충청도사忠淸都事 등을 거쳐 함안군수咸安郡守, 고부군수古阜郡守를 역임했다.

이주李輈(1556~1604년)

호는 태암笞巖. 퇴계학退溪學과 남명학南冥學 양자 모두를 계승하고 있는 한강寒岡 정구鄭逑의 한강학寒岡學을 자신의 사상 속에 녹여냈다. 성리서를 토대로 한 심성수양론을 중시하였고, 경전 공부를 통한 이론 공부에만 매몰되어 있지 않고 자신의 삶 속에서 실현하고자 하였다. 임진왜란이 발생했을 당시 적극적으로 의병활동에 참여하였으며, 평생을 독서와 강학, 후학 양성을 위해 끊임없이 노력하였다.

서거정徐居正(1420~1488년)

본관은 대구大丘, 자는 강중剛中. 호는 사가정四佳亭, 혹은 정정정亭亭亭이며 시호는 문충文忠이다. 조선 문종, 세조, 성종 때의 문신이며 학자이다. 세종, 문종, 단종, 세조, 예종, 성종의 여섯 임금을 섬겼다. 1444년(세종 26년) 문과에 급제. 양관 대제학兩館大提學(홍문관과 예문관의 대제학을 겸함), 공조판서, 형조판서, 병조판서, 예조판서, 호조판서, 이조판서 등 6조曹의 판서를 두루 지내고 우참찬, 좌참찬, 우찬성 등을 두루 거쳐서 1470년(성종 1년) 좌찬성左贊成에 올라 이듬해 좌리공신佐理功臣 3등으로 달성군達城郡에 봉해졌다. 시화詩話의 백미인 『동문선同文選』과 설화집인 『필원잡기筆苑雜記』 등을 남겨 신라 이래 조선 초에 이르는 시문과 산문 문학을 집성했다. 사후 문충文忠이라는 시호가 내려지고, 경상도 대구의 구암서원에 배향되었다. 서울 지하철 7호선의 사가정역은 그의 호를 따서 지은 이름이다.

여대로呂大老(1552~1616년)

본관은 성주星州, 자는 위수渭叟·성우聖遇, 호는 감호鑑湖. 조식曺植의 문인이다. 1582년 진사시에 합격하고 이듬해 별시문과에 을과로 급제, 성균관박사가 되었다. 임진왜란 때 권응성權應星과 함께 김산에서 의병을 일으켜 권응성을 가장假將으로 삼고, 의병장 김면金沔과 협력하여 지례·김산의 적을 거창 부근에서 격파하여 공을 세웠다. 적을 격파하고 군량을 관장한 공으로 형조좌랑, 지례현감, 대구판관, 사헌부 지평, 합천군수 등을 지냈다. 이조참의에 추증되고, 경양사鏡陽祠에 봉향되었다.

장내범張乃範(1563~1640년)

본관은 인동仁同. 자는 정보正甫, 호는 극명당克明堂. 조선 후기 구미 출신 유생이다. 향토문화전자대전 상장군 장금용張金用의 후손으로, 임진왜란 때는 의병을 일으켰다. 저서로 『양생금단계養生金丹契』, 『가례의설家禮儀節』과 문집이 있다. 묘소는 경상북도 칠곡군 석적면 반계리에 있다. 사후에 공조참판에 추증되었으며, 현재 경상북도 구미시 인의동에 있는 옥계사玉溪祠와 경상북도 칠곡군 기산면 평복리에 있는 소암서원嘯巖書院에 제향되었다.

정사진鄭四震(?~1616년)

본관은 영일迎日. 자는 군섭君燮, 호는 수암守菴. 영천 출신. 일찍이 여러 동지들과 자양동에 들어가 과거공부를 폐하고 학문에만 전념하였다. 장현광張顯光의 문하에서 학덕이 높은 사람들과 교유하여 1606년(선조 39년) 왕자의 사부師傅를 제수받았고, 1611년(광해군 3년) 세마洗馬·시직侍直을 제수받았으나 모두 나가지 않았다. 영천의 입암서원立巖書院에 제향되었다.

도성유都聖俞(1571~1649년)

본관은 성주星州. 자는 정언廷彦, 호는 양직養直. 정구鄭逑·서사원徐思遠의 문인이다. 1592년(선조 25년) 임진왜란이 일어나자, 서사원을 따라 의병을 일으켜 군량을 조달하였다. 1611년(광해군 3년) 5월, 정인홍鄭仁弘이 이언적李彦迪과 이황李滉의 문묘 종사를 반대하자 상경하여 손처눌孫處訥 등과 반박하는 상소를 올렸다. 병자호란 때는 인조가 청나라에 항복하였다는 소식을 듣고 비분하여 세상을 등지고 지내다가 일생을 마쳤다. 대구의 용호서원龍湖書院에 배향되었다. 저서로는 『성리정학집性理正學集』, 『체용·각분도體用各分圖』, 『오경체용합일도五經體用合一圖』가 있다.

도여유都汝俞(1574~1640년)

본관은 성주星州, 자는 해중諧仲, 호는 서재鋤齋. 1624년(인조 2년)에 이괄李适의 난이 일어나자 모당慕堂 손처눌孫處訥과 함께 향병鄕兵을 모집하여 난을 평정하는데 공을 세웠다. 어려서 송계松溪 권응인權應仁에게 학문의 기초를 닦고, 이어서 낙재 서사원의 문인이 되었다. 23세에 한강寒岡 정구鄭逑의 문인이 되어 이후부터 한강 정구, 낙재樂齋 서사원徐思遠의 문하에 드나들며 학문을 익혔다. 이후 인품과 문명(文名)을 떨쳐 사촌형 양직당養直堂 도성유都聖俞와 함께 달성십현達城十賢으로 추앙되었다. 1848년(헌종 14년) 도여유의 글을 수습하여 『서재 선생 문집鋤齋先生文集』을 간행하였다.

서사선徐思選(1579~1651년)

본관은 달성達城이며, 자는 정보精甫이고, 호는 동고東皐이다. 경상북도 대구부大邱府 남산리南山里에서 태어났다. 조선 중기 의병. 낙재樂齋 서사원徐思遠의 문하에서 수학하였고, 어려서부터 영특하여 수우守愚 최영경崔永慶으로부터 칭찬을 받았다. 이후 여헌旅軒 장현광張顯光, 괴헌槐軒 곽재겸郭再謙, 모당慕堂 손처눌孫處訥, 우복愚伏 정경세鄭經世에게 두루 수학하였다. 임진왜란 때 경상북도 경산慶山에서 격문을 발송하여 1백여 명의 의병을 모집하여 활동하였다. 저서로 『동고선생문집東皐先生文集』이 있다.

박증효朴曾孝

일성의 아들이다. 엄동에 신령님이 준 자리로 시탕을 하여 부모님을 봉양했으며, 노환으로 자리에 누운 부모님의 변을 맛보아 병세를 진단했고, 손가락을 끊어 그 피를 마시게 하여 지성을 다했다. 3년간 시묘 중에는 죽으로 연명한 효자이다. 부 일성에게는 경연참찬관經筵參贊官을, 자 증효曾孝에게는 동몽童蒙敎官이 증직되었다.

김극명金克銘(1581년~?)

본관은 선산善山, 자는 여근汝謹, 호는 수사秀士. 1606년(선조 39년)에 진사시進士試에 합격. 정근옹주의 부군인 김극빈의 형으로 부친은 김이원金履元, 형은 김극전이다

송희규宋希奎(1494~1558년)

본관은 야성冶城. 야성은 야로冶爐의 별호. 호는 야계倻溪. 경상남도 합천군에 속해있는 지명으로 본래 신라 때 적화현赤火縣이었던 것을 경덕왕이 야로로 고쳤다. 1513년(중종 8년) 향시에 합격하고 이어 1519년 별시 문과에 병과로 급제하였다. 병조좌랑, 현풍현감, 호조정랑 등을 지내고, 1534년 홍해군수가 되었다.

이지영李之英(1585~1639년)

본관은 전의全義, 자는 자실子實, 호는 수월당水月堂으로 조선 중기 문신이다. 29세에 아우 지화之華(1588~1666년)와 함께 문과에 합격하여 성균관학정, 전적, 예조좌랑을 역임, 1620년 성절사서상관聖節使書狀官으로 중국에 다녀왔다. 광해 조에 조정이 혼란하자 아우와 함께 낙향하였다. 인조반정 후 다시 관직에 나아가 울진현령蔚珍縣令을 역임하였다. 인조가 능양군 시절 하목정을 방문하였을 때 몸소 맞이하였다. 이때 부친은 군위군수로 나가 있었다. 문집으로 『수월당집水月堂集』이 있는데, 집안 사람들의 유고와 함께 『전성세고全城世稿』에 실려 전한다.

이덕형 李德馨(1561~1613년)

본관은 광주廣州, 자는 명보明甫, 호는 한음漢陰이다. 1580년(선조 13년) 문과에 합격하여 여러 벼슬을 역임하였으며 1590년에는 동부승지, 우부승지, 부제학, 대사간, 대사성 등을 차례로 역임하였다. 이듬해 예조참판이 되어 대제학을 겸하였다. 임진왜란 때에 왕을 호종하였으며 청원사請援使로 명나라에 파견되어 파병을 성취시켰다. 벼슬이 영의정에 올랐다. 1601년(선조 34년)에 체찰사로 대구를 방문하였으며 경상도 감영을 대구로 옮기는 데 중추적인 역할을 하였다. 시호는 문익文翼. 문집으로『한음문고漢陰文稿』가 있다. 포천의 용연서원龍淵書院, 상주의 근암서원近嵒書院에 제향되었다.

이정형 李廷馨(1549~1607년)

본관은 경주慶州, 자는 덕훈德薰, 호는 지퇴당知退堂이다. 1568년(선조 1년)에 문과에 급제하여 여러 벼슬을 거쳐 1589년에는 형조참의가 되었다. 임진왜란 때에는 우승지로 왕을 호종하였으며, 1595년에 대사헌, 4도 도체찰부사四道 都體察副使, 1600년에 강원도 관찰사, 1602년 예조참판을 역임하였다. 북인정권이 들어서자 양주 송산 두천리로 물러나 은거하였다. 문집으로『지퇴당집知退堂集』이 있다.

유근 柳根(1549~1627년)

본관은 진주, 자는 회부晦夫, 호는 서경西坰이다. 1572년(선조 5년) 문과에 장원하였으며 문장이 뛰어났다. 1592년 좌승지, 임진왜란 때에는 왕을 호종하였으며, 예조참의, 좌승지를 거쳐 예조참판이 되었다. 1601년 예조판서가 되어 동지사로 다시 명나라에 다녀왔고, 1603년에는 충청도관찰사, 1604년에는 호성공신扈聖功臣 3등에 녹훈되고 진원부원군晉原府院君에 봉해졌다. 대제학에 이어 좌찬성이 되었다. 광해군 때 삭탈관직 되었다가 1623년 인조반정으로 다시 기용되었다. 시호는 문정(文靖). 문집으로『서경집西坰集』이 있다. 괴산의 화암서원花巖書院에 제향되었다.

조국빈 趙國賓(1570년~?)

본관은 풍양, 자는 경관景觀, 호는 설죽雪竹이다 1606년(선조 39년)에 진사시와 문과에 합격. 1606년(선조 39년) 진사시에 합격하고 바로 증광문과에 갑과로 급제, 예문관 검열에 임용되었다. 그 뒤 정언正言·지평持平 등을 역임하면서 언관으로 활약하다가, 1618년(광해군 10년) 인목대비仁穆大妃를 서궁西宮에 유폐하는 사건이 일어나자, 이에 반대하다가 거제도에 유배되었다. 1625년에 대구부사로 부임하였다. 그 뒤 인조반정으로 다시 관직에 나아가 1632년(인조 10년) 형조참의를 지내기도 하였으나, 반대파의 박해로 벼슬에서 물러나 충주에서 은거하였다.

이제 李濟(1589~1631년)

본관은 한산韓山, 자는 이실而實이다. 25세에 진사시에 합격하고 1616(광해군 8년)에 문과에 합격하였다. 1626년(인조 4년) 7월에 대구부사로 부임하여 1631년 5월에 임지任地인 대구에서 타계하였다.

남용익 南龍翼(1628~1692년)

본관은 의령, 호는 호곡壺谷, 자는 운경雲卿이다. 19세에 진사가 되고 20세(인조 26년, 1648년)에 문과에 합격하였다. 경상도 관찰사와 형조판서를 역임하였다.

김명석 金命錫(1675~1762년)

본관은 의성義城, 자는 여수汝修이고, 호는 우계雨溪이다. 조선 후기 유학자. 시작始作에 능하였으며 분집으로 『우계집雨溪集』이 있다. 문집의 시제市制는 차하목당운次霞鶩堂韻이다.

채제공 蔡濟恭(1720~1799년)

본관은 평강, 자는 백규伯規, 호는 번암樊巖이다. 시호는 문숙文肅. 1743년에 문과에 합격. 영조의 탕평책으로 선발되어 예문관 사관직을 역임하였다. 병조·예조·호조판서를 역임하고 영의정에 올랐다. 문집으로 『번암집樊巖集』이 있다.

참고문헌

김봉규, 『달성의 유교 문화재』, 민속원, 2019.
김용규, 『생각의 시대』, 살림, 2014.
김채한·김대식, 『100군데 달성의 매력』, 민속원, 2017.
금호선유문화연구보존회, 『유유히 흐르는 낙동강 강물처럼』, 2021.
금호선유문화연구보존회, 『금호선사선유문화 학술세미나』, 2021.
달성문화재단·달성군지간행위원회, 『대구의 뿌리 달성』, 밝은 사람들, 2014.
달성군, 『달성군지』, 대구 달성군, 1992.
달성군, 『달성문화유적요람』, 대구 달성군, 1994.
동양고전연구회, 『논어』, 민음사, 2016.
동양고전연구회, 『맹자』, 민음사, 2016.
동양고전연구회, 『대학』, 민음사, 2016.
동양고전연구회, 『중용』, 민음사, 2016.
메를로 퐁티, 류의근 역, 『지각의 현상학』, 문학과지성사, 2002.
아리스토텔레스, 천병희 옮김, 『정치학』, 도서출판 숲, 2017.
아리스토텔레스, 천병희 옮김, 『시학』, 문예출판사, 2015.
이영진·베원태, 『달성 마을 이야기』, 민속원, 2015.
이병주, 『허망과 진실』, 기린원, 1979.
유발 하라리, 조현욱 옮김, 『사피엔스』, 김영사, 2015.
유발 하라리, 김명주 옮김, 『호모 데우스』, 김영사, 2017.
윤일현, 『불혹의 아이들』, 도서출판 사람, 1997.
윤일현, 『부모의 생각이 바뀌면 자녀의 미래가 달라진다』, 학이사, 2009.
윤일현, 『시지프스를 위한 변명』, 학이사, 2016.
윤일현, 『밥상과 책상 사이』, 학이사, 2018.
윤일현, 『그래도 책 속에 길이 있다』, 학이사, 2021.
G. 레이코프, M. 존스, 임지룡 외 옮김, 『몸의 철학』, 도서출판 박이정, 2002.
G. 레이코프, M 존슨, 노양진, 나익주 옮김, 『삶으로서의 은유』, 박이정, 2016.
장자크 루소, 정병희 역, 『에밀』, 동서문화사, 2007.
존 듀이, 이재언 역, 『경험으로서의 예술』, 책세상, 2003.
토마스 머톤, 위미숙 옮김, 『존재하는 것과 행하는 것』, 자유문화사, 1988.
팔거역사문화연구회, 『금호강 선유 및 누정문학』, 팔공신문 출판사업부, 2017.
콜린 윌슨, 이성규 옮김, 『아웃사이더』, 범우사, 1997.

칼하인츠A.가이슬러, 박계수 옮김, 『시간』, 석필, 2002.
프리드리히 니체, 곽복록 옮김, 『비극의 탄생/즐거운 지식』, 동서문화사, 2016.

'디지털달성문화대전' 홈페이지
한국학중앙연구원 『한국민족문화대백과사전』
네이버지식백과 등

대구의 뿌리
달성 산책 | 34

낙동제일강산
영벽정

초판 1쇄 발행 2022년 12월 5일

기획 달성문화재단
글·사진 윤일현
펴낸이 홍종화

편집·디자인 오경희·조정화·오성현·신나래
          박선주·이효진·정성희
관리 박정대·임재필

펴낸곳 민속원
창업 홍기원
출판등록 제1990-000045호
주소 서울시 마포구 토정로 25길 41(대흥동 337-25)
전화 02) 804-3320, 805-3320, 806-3320(代)
팩스 02) 802-3346
이메일 minsok1@chollian.net, minsokwon@naver.com
홈페이지 www.minsokwon.com

ISBN 978-89-285-1793-0 94080
     978-89-285-0834-1 SET

ⓒ 윤일현, 2022
ⓒ 민속원, 2022, Printed in Seoul, Korea

이 책은 저작권법에 따라 보호를 받는 저작물이므로 무단전재와 복제를 금지하며,
이 책의 전부 또는 일부를 이용하려면 반드시 저작권자와 출판사의 서면동의를 받아야 합니다.